我一個人走走停停

美好日常的小旅行

米果 著

【推薦序】

大遊遊近處

新井一二三

俗話說「小隱隱於野，大隱隱於市」，看著米果寫的這本《我一個人走走停停》，頗有「小遊遊遠處，大遊遊近處」之感。

米果是我對台南的啟蒙者。看她寫的《如果那是一種鄉愁叫台南》，我才接觸到當代台南人的生活氣息。有趣的是她在本書裡倒寫：真抱歉，自己是個無用的台南人，家住東門城外，成年後又大半時間都在台北，對台南的旅遊美食住宿一概不熟。然而，被迫說出在台南值得做的活動，她又說：午睡。

除了地地道道的台南人以外，還有誰會說：最適合在旅遊勝地台南做的活動竟是於父母家睡午覺？這麼一來，我就衷心羨慕起她來了，有如我羨慕日本已故女作家森茉莉直到晚年都炫耀父親森鷗外曾經多麼寵愛過她一樣。

所以，在這本書裡我最最喜歡的一篇，就是她炫耀母親年輕時候雖然是個家庭主婦，但是每週兩次一定穿著外出服和高跟鞋到「洗頭毛店」做頭髮，因為母親認為「太太外出打扮是給丈夫面子」的〈太太們，洗頭嘍！〉。

在她過去的文章中，我讀過米果上中學的六年時間，每天中午母親親自送剛做好熱呼呼的便當到學校來。有曾經被母親如此疼愛過的記憶，她才會年紀不小了之後回父母家都能睡得那麼香吧！

其實米果的文章，即使寫故鄉台南都飄著旅行的味道。我估計那是她成年以後，大把日子都旅居他鄉所致。有了比較的觀點以後，連故鄉、當下居住的城市都有可能成為人生這段旅途上的通過點。而一旦開始把人生看作旅行，在異鄉待的時間也從走馬看花的觀光變成另一種日常。

果然米果筆下的日本，無論是東京還是大阪、京都、能登半島、仙台、福島，都那麼的生活化。也不奇怪，她在那些地方做的不再是觀光，而是觀察關東人和關西人的區別，選擇沒人排隊的站牌上公車，被強風颳走愛用多年的小花傘，替家中長輩買藥品。

她那種旅行，當然是資深旅行家才玩得來的。米果曾經留學東京，學到日語，也跟不同的人到過日本許多地方，積累了豐富的旅行經驗以後，才磨練出了懂得享受一個人走走停停的品味。

這本《我一個人走走停停》讓我聯想到日本讀賣電視台從一九七〇年起，每週日早上七點鐘播放的《想去遠方》（遠くへいきたい），以及NHK電視台從一九八三年起，每週日早上八點半播放的《小旅行》（小さな旅）。兩個節目介紹的旅遊目的地都不是外國著名的觀光地，而是日本國內並不起眼的小地方。

其實，我小時候，週日上午還另外有個旅行節目叫做《兼高薫的世界旅行》，才是每週介紹美洲、歐洲、亞洲等等不同國家的景點與人民生活的。可是一九五九年開始的節目到了九〇年便結束，因為對當年的日本觀眾來說，國外旅行已不再是新鮮話題了。

當旅行不再是流行時髦的活動以後，只有真懂旅遊樂趣的人才為了善待自己而去旅行。正如本書中的〈像川本三郎那樣的一人旅〉所寫。（順便提一下，同一篇寫到的政治學家原武史是我在早稻田大學政治系的同班同學。）

放在本書開頭的〈彼時的永康街〉也是我很喜歡的一篇，讀來感覺極像以一群大學生為主角的電視連續劇，似乎在腦中屏幕上看得見小米果騎著自行車疾走台北的場面。

那就是她剛離開台南與母親懷抱的時候吧。接下來的〈休日在中山北路散步〉和〈終須告別的重慶南路書街〉也是讓人懷念舊日台北的好文章。

有了時間上的距離，這些回顧過去的文章都具有旅行的味道。加上了異鄉人的眼光，旅行的意義都成雙重了。可見，只要有旅行家的生活態度，旅遊並不一定需要遠距離的移動。

尤其在疫情之下，海外旅行對世界大多數人而言，又變得極其不容易了。這個時候，以短距離旅行來代替遠行，不僅是好主意而且是絕對必要的。小遊遊遠處，大遊遊近處，並不是精神勝利法，而是在旅遊概念上的重要突破。

關於新井一二三

生於東京。明治大學理工學院教授。早稻田大學政治經濟學院畢業，留學北京外國語學院、廣州中山大學。任職朝日新聞記者、亞洲週刊（香港）特派員後，躋身爲中文專欄作家。中文作品：《心井・新井》《櫻花寓言》《再見平成時代》《臺灣爲何教我哭？》《獨立，從一個人旅行開始》《媽媽其實是皇后的毒蘋果》《我們與台灣的距離》《這一年吃些什麼好？》等三十部作品（皆由大田出版）。

【同感共鳴】

珍貴的散步情感 ／凌宗魁・建築文資工作者

跟著作者的腳步，回想起在臺南錯綜複雜的街巷中迷路但不慌張的悠閒心情，而在熟悉的臺北毫無目的的晃遊的機會，長大後竟也如此珍貴。有些風景只出現在步行者眼前，而有些思緒也只有在散步時，才會伴隨著悠長記憶不經意的浮現。

最好的單位就是一個人 ／李明璁・社會學家、作家

既然生活可以座落在想像的他方，旅行便能實現於日常的行走。而且，最好的單位就是一個人，隨心所欲走走停停。米果細膩而有餘裕地紀錄了自己的緩步足跡，從台灣到日本，以及持續每天都能再發現的自家台南。這本書訴説著大疫年代無法旅行至遠方的旅行新態度，邀請一起練習踏出這樣自由寬闊的新腳步。

目次

contents

卷一——不急著趕路

卷二——有時日常，有時記憶

卷三——

自由的風

卷一

不急著趕路

一路以來的走走停停

旅行有了自己定義的道理，不急著趕路，迷路就當作邂逅新風景，人生彷彿走入另一幅地圖，這樣也不錯。

記憶裡，最初的旅行，是跟隨父母從台南住家搭興南客運返回鄉下老家，當時年紀小，自以為那就是旅行。

老舊的客運車，普通班次，站站停，停在沿線每個村子口，站牌旁邊往往是柑仔店、飼料行或鐵皮搭起來的陽春候車亭。以我當時趴在車窗的小孩視野看出去，每個站牌往後延伸的田埂小徑，充滿冒險元素和想像空間，那是以返鄉為名的美好旅行。

長大以後，旅行憧憬的目的地，變成飛機出境的來去匆匆，行李箱內容物是把日常縮小成幾天幾夜的換洗衣著，加上瓶瓶罐罐和各種充電線，再把旅行的回憶換成購物的重量扛回來。海外旅行其實很緊張，既有語言隔閡也有陌生環境的疏離，往往在疲累湧上的瞬間，感覺鄉愁在逞強的裡側給了自己一個擁抱，瞬間就會想要回家，就會苛責自己幹麼不留在家裡耍廢就好，明明可以輕輕鬆鬆，為何要把旅行當成作戰計畫一樣。有過幾次就真的在異國旅行投宿的旅館關了一整天，看電視，吃旅館大廳投幣買來的飲料與泡麵，自認為找到適合自己的放假模式，在一人的房內大聲笑出來。

特別在外國語環境裡拚搏一整日之後，突然就想起那些在台灣小鄉鎮的小旅行，仗著語言人情互相依偎的暖度，整個人就算放鬆成海綿那樣隨興，即使毫無計畫也無所謂，就算迷路也總會找到方向，只要開口問路就能連上導航方位。

然後就開始嘗試搭乘陌生的公車路線，偶爾也坐上跨縣市的長程客運，或搭台鐵普通列車，在任何未曾去過的小站，學日本節目《日本電車之旅》（日本テレビ／ぶらり途中下車の旅）那樣沒有計畫地散步。去看看田裡面種些什麼，去瞧瞧鄰近的小工廠生產什麼，找一個類似廟口或菜市場的地方，那裡必然有在地人用餐的小店，吃CP值很高的B級美食。當日往返也不難，當成親近台灣的習作。

也喜歡跟著朋友回他東部故鄉，穿拖鞋跟他去吃早餐蔥餅，去吃麵線羹加很多辣油，去他阿舅做生意的老店，半買半送扛了他們自家生產的花生，回家上網一查才知不得了，竟然是網購大熱門。

被當地人看出陌生人的破綻也不用害羞，雖然還是有被識破的尷尬，但陌生人就陌生人，尷尬就尷尬，原來就只是路過而已。陌生的地方往後也未必有機會再來，但寫成記憶之後，就變成自己旅行記憶的領地，感覺還是開心。

往往以為很近的地方，反而覺得疏離。小鄉小鎮未必是旅遊景點，只要有居民的日常，走一趟就帶回各種趣味。沿著鐵道或省道縣道，有人情牽連的地方就跟著人情回家，有傳說的地方就跟著傳說前去朝聖，做個有感情有溫度的歸人或旅人，就算小鄉小鎮，也是美好的旅行。

旅行於焉有了新解，只要出門就是旅行，即使搭公車去了幾站以外的菜市場，盡量把自己喬裝成旅人，喬裝未必靠外在裝扮，內心轉念就好，自己領銜主演的小劇場，一人就可盡興。畢竟日子裡的不自在越來越多，如果不把移動當成旅行，那就只剩下生活帶來的壓力，雖然旅行也有壓力，但因為是旅行，所以沒關係。

於是去了遠方的旅行，也走入異國的小鄉小鎮，就算是都市，也盡量去冷門景點，人不太多，不擁擠，可以安靜走一個早上或一個下午就好。旅行有了自己定義的道理，不急著趕路，迷路就當作邂逅新風景，人生彷彿走入另一幅地圖，這樣也不錯。

彼時的永康街

當時的永康街，以及永康街周邊，頂多算是生活機能不錯、吃食便利的住宅區，安安靜靜，僅僅是下課之後聚在路口稍微大聲喧譁都覺得過意不去。

我是末代的淡江大學城區部學生，大三開始，被學校放逐到市區，沒有校園，下課之後，只能以「自然溢出」的狀態在永康街周邊活動，直到畢業，內心都存在一股被淡水校園棄養的悲傷。我對那兩年的城區部歲月，其實不太有校園相關的記憶連結，倒是對於彼時的永康街周邊，充滿遊蕩與吃食的回憶。

永康街、麗水街、愛國東路、金山南路、金華街、信義路，或過馬路，去到遠一點的連雲街和東門市場，大抵就在那樣的區塊當中，租屋、上課、解決三餐、散步、閒晃，度過大學最後兩年和職場菜鳥的最初一段時光。

城區部正門面對摩門教堂，後門一整排影印店，還有一、兩家平價麵店。金山南路有寶宮戲院，隔壁是北平西來順，十字路口有國際西點麵包，過街就是東門市場。大三那年，曾經租屋在愛國東路口，加油站對面，同棟大樓有貿易商行還有牙科診所，電梯十分老舊，運轉有雜音，還有不小程度的搖晃。

自助餐多數集中在金華街，金華街與麗水街交叉路口有神祕官邸一座，小平頭特勤人員故意偽裝成平民模樣，在對面的7-ELEVEN騎樓探頭探腦，一看就知道不是普通人。金華街走到底是大專青年活動中心，每個學期，學校都會借用活動中心開週會，一學期僅有一次穿著大學服去開週會，大學服的意義到底是什麼，至今仍然沒有答案，那活動中心偶爾會播放免費電影，但是寶宮戲院的片子似乎比較精采。

學校附近雖有「政江號」，但是上完體育課會去吃冰的小店其實在永康公園對面，除了賣傳統剉冰還有賣雞絲麵和台南小吃。冰店附近有一家寫真相館，相館櫥窗有一幅大將軍的獨照，還有一名當紅女星的學士照，不過同學口耳相傳的學士照名店是公館的「老二」。

永康街周邊仍然是住宅區模樣，幾乎沒有超過七層樓的電梯大廈，倒是有好幾間古老的日式房舍。老式公寓隔成小房間租給學生，或是小家庭挪出一間房，分租出去，大抵還是老舊社區的生活形態。永康公園最好吃的牛肉麵在靠近公廁邊的鐵皮違建內，牛肉麵隔壁有賣青草苦茶的攤子，牛肉麵店老闆是個鄉音很重的退役老兵，滷菜很豐富，手頭不那麼緊的時候，還可以跟同學湊點錢，切一盤鯊魚煙來相添。

永康街上的「高記」還只是一間小店，對面巷內的「誠記」越南麵店頂多算是個攤子，「鼎泰豐」生意不錯，但還不到排隊的程度。但我們最愛的還是巷弄裡的「好公道」，店門口俐落捏著小籠包的年輕師傅個個嗓門超大，他們的油豆腐細粉跟炸銀絲捲是學生口耳相傳的極品，套一句現在的網路評比用語，CP值超高。

信義路有三商百貨，隔壁陡峭的窄樓梯走上去，有相當好吃的餛飩湯與擔擔麵。三商百貨對面是「嘟嘟百貨」，嘟嘟百貨二樓的髮廊，有我此生的平板燙初體驗，化學臭味很重的平板膏將頭髮黏在長度不同的彩色板子上，板子層層疊起來，頭好重，好像什麼奇特的武士造型。

信義路往新生南路的方向走，會經過霜淇淋很好吃的義美門市，以及生意看起來不太好的新光百貨。大安森林公園還沒個影子，國際學舍還在，對面轉角有小美冰淇淋還有賣狗的寵物店，跟同學約在那裡碰面時，就說「狗園見」。

連雲街那一側，有好吃的老鄧擔擔麵和粉蒸排骨，當時也是小店。畢業之後短暫租屋在連雲街公寓頂樓加蓋的違建，住在樓下的房東太太是大家樂組頭。

麗水街有三到四家可以吃便宜合菜的川菜館，某一年跟金門當兵放假回到本島的學長吃飯，電視突然出現快報，蔣經國過世，新聞主播說，「我英勇三軍將士仍然堅守崗位捍衛金馬前線」，轉頭看見拿起酒杯喝紹興酒的學長一臉愕然。

麗水街上，有一間紅色門框的長春藤西餐，卻是畢業之後領了薪水才有膽子前去消費下午茶。永康街的服飾店不多，特別鍾愛一家「愛麗絲」，跨了兩間小店面，應該是與當今芒果冰館隔著小巷子相望的一樓。服飾店地下室後來開了二手書與CD店，更早之前是一間「菸」霧瀰漫的撞球店，班上男同學剛去當兵，第一次放假去敲桿就遇到憲兵臨檢，但那時已經解嚴了啊！

當時的永康街，以及永康街周邊，頂多算是生活機能不錯、吃食便利的住宅區，安安靜靜，僅僅是下課之後聚在路口稍微大聲喧譁都覺得過意不去。來往多數是穿著家居服的在地居民，或是利用學校空堂在巷弄之間遊蕩的大學生，譬如我這樣的二十歲前後，初次的台北生活，青澀的台北人體驗。

幾個十年經過，鼎泰豐成為國際名店，高記擴充為氣勢驚人的超大店面，之後又因為建築法規問題而歇業，誠記越南麵食變成商圈的傳說，好公道改名金雞園，寶宮戲院消失了，國際西點麵包和三商百貨也不見了，二樓的好吃餛飩與擔擔麵聽說歇業很久了，曾經在麗水街風光過好幾年的「京兆尹」而今何在，而「魚夫家飯」的老闆都已經移民台南了。

連雲街的老鄧擔擔麵裝潢成古色古香的餐館，過不了幾年又搬遷縮小了店面，政江號變成美食雜誌爭相報導的懷舊老店，消失的國際學舍和對面的狗園已經成為世代辨認的關鍵字，永康街與麗水街和金華街延伸到昔日大專青年活動中心的一大片區域，變成多國料理餐飲的一級戰區和房價驚人的蛋黃區，芒果冰一躍成為觀光客的最愛……這裡已經變成國際級的「永康商圈」，不是安靜的住宅區，不是二十歲前後的頹廢大學生可以坐下來吃碗麵、切盤滷菜或鯊魚煙的尋常巷弄，何況那永康公園旁邊的鐵皮違建早就拆除了，記憶裡的牛肉麵跟青草苦茶不知道去了什麼地方。

彼時的永康街，完全回不去了，這就是歲月的美好與殘酷啊！

休日在中山北路散步

還在淡水讀書時，每次搭公路局巴士經過中山北路，都發誓「長大以後」一定要來買雙園燒臘。

七〇年代後期來到台北就學之初，從淡水進城的交通手段，除了那時尚未拆除的北淡線火車之外，如果趕時間，就會利用行駛大度路、終點站設在北門的指南客運；如果時間充裕一些，就搭公路局巴士，會繞進北投市街，然後走中山北路抵達台北車站。火車大概花五十分鐘，指南客運約莫在三十到四十分鐘之間，公路局巴士繞遠路，一趟進城，應該都超過一個小時，甚至更久。但我喜歡中山北路這條線，從圓山那頭過了明治橋，道路又寬，建築又美，那個時期的中山北路兩側是婚紗產業重鎮，坐在靠窗的位子，可以看到路旁拍婚紗照的新郎新娘。

沿著中山北路的巴士路線是一條夢想路線，沿途可以看到在商社上班的西裝男與套裝女，尤其路過老爺酒店時，從透明落地窗看到室內用餐的美好氛圍，當時默默在內心許下心願，開始上班領薪水之後一定要去老爺酒店喝下午茶，要去一家名為謝籃的餐廳吃飯，要去中山市場的雙園燒臘買熟菜。後來變成上班族之後，確實跟朋友經常約在謝籃用餐。高中同學的結婚宴客妝髮委託給一家在中山北路靠近雙城街口，要爬上又窄又陡樓梯的婚紗公司，一直到現在，我都記得幫同學拉著婚紗裙角走那樓梯時提心吊膽害怕摔跤的不安。可我領了好幾年的薪水，直到離開職場，都沒去過老爺酒店吃過一次下午茶，對當年那個年輕的自己一直爽約，真是不好意思。

曾經有個同事的娘家在晴光市場後方，她父親是古物收藏家，有幾次跟她返家，必須穿過各樓層的收藏品，生怕手一揮就打破昂貴的骨董花瓶。屋內還有一張保存完好的骨董眠床，那眠床在台南延平郡王祠文物館看過，楊麗花歌仔戲也有。骨董眠床的隔壁房，有個檜木床，同事說那是以前的鴉片床。

有陣子因為事務聯繫往來的外商辦公室就在中山北路上，經常假借送交緊急文件資料，理所當然拿公費搭計程車往返，送完文件之後就去晴光市場吃意麵。依稀記得有幾次盛夏高溫，穿著窄裙配透明絲襪，在沒有空調的攤子吃熱呼呼的湯湯水水，結帳之後，雖然一身汗水，依然堅持去逛那些小坪數的舶來品店才願意畫下句點，畢竟有蹺班的快感啊！

閱讀張超英先生口述，陳柔縉執筆的《宮前町九十番地》之後，知道中山北路這條日治時期通往台灣神社，形同敕使街道那般存在，又是台語歌謠三線路的原型時，只要是天氣舒爽的休日，都會想去中山北路走一走。

通常是搭公車到晴光市場，市場入口那些小店面已經沒有過往舶來品全盛時期的榮景，假日的關係，也不像週間中午擠滿午休用餐客人。我大概都在十點前後走進一家名為晴光米粉的小店，恰好是早午餐的時間帶，這家店的米粉湯跟意麵都很暖胃，豬內臟的黑白切又很有水準。我常戲稱黑白切是白水滷，吃的是新鮮口感跟蒜頭油膏醬料的功夫，豬舌豬心肝連粉肝，白水滷到透澈，味道才會有層次，必須有經驗也要有耐心，也因為夠新鮮，咬起來是恰好的柔軟Q彈而不是失去嚼感的蒼弱軟爛。吃這種台式早午餐，從下水類的黑白切就能看出店家功力，何況他們的油豆腐也相當出色。我吃過那種「死白」口感的油豆腐，但這裡的油豆腐應該是跟大鍋米粉湯溫存多時，豆腐外皮一咬下去，見到內裡呈現蜂窩小孔洞的豆腐飽含大骨湯汁，體內立刻出現想要站起來手舞足蹈那種程度的幸福感，如果自己夠熱情，或許會因為一小碟入味的油豆腐而衝去跟店家老闆、老闆娘握手致意吧！

這店家做生意的熱情口音完全是我童年第一次來到台北城聽到的那種招呼客人的台北台語腔，休日午前來用餐的很多都是高齡長輩，店家會注意他們點餐的細節，發現有人點了湯麵又點了湯，會再三確認才知道菜單字太小，阿公原來想吃乾麵配湯，或阿公阿嬤確實想吃湯麵，只是肝連是做成黑白切的意思不是湯，看他們光是點餐就主客哈哈笑成一團，覺得這種生意場的風景很迷人。

有一回見到視障客人來用餐，老闆娘親自幫他拿餐具，手把手確認了米粉湯碗邊緣位置，確定他握好筷子湯匙才放手。各種小菜都捨棄小碟而是用麵碗裝盛，因為麵碗有深度，易於判斷挾菜的方位。穿著圍裙短褲的老闆阿伯還不時過來關照，顯然是熟客。

結帳的時候，問了店家休禮拜幾？老闆娘呵呵笑說，除非家裡辦喜事，否則全年無休。「想吃的時候儘管來吃，早一點來，東西比較多，像今天有馬頭魚喔！」果然整尾抹鹽巴乾煎的馬頭魚看起來金黃「赤赤」的，相當誘人。

吃過台式早午餐，就沿著中山北路慢慢地散步，人行紅磚道走起來很舒服，推嬰兒車或輪椅應該都沒有阻礙。到了馬偕醫院就繞進去雙連早市，再繞回民生西路口去上揚唱片，有時候會走進赤峰街再鑽出來，最後以中山市場的雙園燒臘收尾，他們的烤麩做得極好，香菇是大朵厚片的上等貨，不是草草拿來配色的，我個人覺得光是烤麩這道熟菜，南門市場那邊都沒有這裡做得好。雙園的老闆和老闆娘也是老派台北城台語腔的生意好手，我常常被他們說服，因此買了超量的熟菜。白水滷豬舌相當好，附上的台式泡菜夠甜又夠酸，甜麵醬給得很豪爽，我還特別喜歡做工很細的那種豆皮包著豆芽木耳的素菜捲，這種費工的料理，只有老派的店才堅持繼續做。

有一回跟老闆娘提起，還在淡水讀書時，每次搭公路局巴士經過中山北路，都發誓「長大以後」一定要來買雙園燒臘。滿頭白髮的老闆娘呵呵笑說，好多客人搬到外地，只要回到台北就來「款一桌菜」。我心想，貪吃的人真的會為內心懸念的美食而不介意奔波啊！

至今我還是很喜歡去福利麵包買手做小餅乾，會特別去看看林田桶店還有沒有營業。經過昔日謝籃所在的建築，會想起當時一起在這裡聚會用餐的一位朋友，而今已出發去天堂旅行了，站在騎樓底，看著中山北路的樹影婆娑，會有點小小的哀傷。幾年前閱讀二二八口述歷史，知道一些受難者就是在中山北路接近二條通三條通路口的家宅遭到逮捕，從此沒有回來，而今老屋拆掉，改建成嶄新大樓，每每經過那裡，也會有小小的時代哀傷。

終須告別的重慶南路書街

去重慶南路也不純粹是買書的目的而已，在那裡走來走去，走入巷弄之內，吃很便宜的麵食，有時候吃排骨大王，或去城中市場吃檸檬愛玉冰，路過明星咖啡，然後過街去省城隍廟拜拜。

我的朋友圈對於重慶南路陸續歇業的書店大多感覺不捨，對於街景逐漸被時髦的旅店取代，多數也感覺氣憤。那氣憤的情緒未必是即刻衝去搶救什麼，就只是慢慢看著一間一間書店撤退，而自己什麼忙也幫不上，比較接近於無力感那樣的自責。

如我這樣的台北異鄉人，對於重慶南路，或說火車站前的南陽街、漢口街、衡陽路、博愛路等等，大概是以忠孝西路、中山南路、公園路、中華路圍起來的這個區塊，是有許多複雜情感的。在那個沒有網路、沒有手機，甚至BB call都是奢侈品的年代，初初從南部「上」來，因為剛考上大學，或因為重考而報名了南陽街的升學班，或想要出國而在那裡補習托福，總之，很怕被人發現身上那些急於掩飾的外地人基因，包括打扮、口音，或自以為很容易被發現的土氣。跟朋友總是約在火車站對面的綠灣，然後就去重慶南路買書，去三民書局買那種很厚很厚、千篇一律的黃白書皮，很艱澀的保險法、民法，或國父思想、中國近代史。也不只教科書，我在重慶南路的書店買皇冠出版的小說，認識了希代那幾位把大頭照當封面的作家，好像也在那裡買了蕭麗紅和鍾曉陽的小說，買了一整套附上塑膠外盒可以提著走的英文會話卡式錄音帶教材。我還喜歡跟那些在騎樓柱子旁擺攤的老闆買一張一張撕掉的日曆，因為想知道好日子壞日子而買了農民曆，偶爾也想在騎樓的攤子刻印章，因為口袋沒什麼閒錢而作罷。

時間有點久了，記憶很零碎，要彎腰撿拾那些滑落在歲月裡的吉光片羽，都覺得膝蓋不是那麼有力可以彎到底。大學那時總是從忠孝西路與重慶南路轉角的消防隊起步走，往總統府的方向，先走左手邊，到了盡頭，再從右手邊的店面逛回來。記得書店結帳的櫃台很高，店員坐著高高的椅子，我手裡捧著厚厚的書，要靠雙手高舉才有辦法遞上去。那時沒有刷卡這種交易模式，總是出發前先去學校郵局領了現金，一路小心謹慎，搭乘北淡線火車途中睡著時，也要用手壓住口袋裡的鈔票。內心盤算著，到了重慶南路，先在騎樓買現烤的牛舌餅，花生口味的，每次吃，每次都噎在胸口。

去重慶南路也不純粹是買書的目的而已，在那裡走來走去，走入巷弄之內，吃很便宜的麵食，有時候吃排骨大王，或去城中市場吃檸檬愛玉冰，路過明星咖啡，然後過街去省城隍廟拜拜。

重慶南路的書店陸續歇業，於我來說，早就覺悟那是時代必然的離別，畢竟你我都一樣無情，有了網路書店的七九折，每天還有特定書的六六折，找書又容易，送貨又快速，實體書店空間只容許一定數量的書跟你一期一會，攻不進暢銷排行榜的冷門書，過了促銷期要再相遇都比牛郎遇上織女還要難。多少人在書店發現一本新書，翻了幾頁之後即使真心喜歡，仍舊默默放下，返家之後立刻上網下單，我們確實做了如此絕情的事情，最後就怨不得書店撐不下去，不管是店租漲價，還是營收衰退，這時候再來捨不得，好像也來不及了。

也不是絕情不絕情的問題，時代已然走到這種地步，實體書店要靠賣書賺錢早已證明是過往的神話了。要不然怎麼會有那麼多人喜歡去書店喝咖啡卻不買書；要不然怎麼會全世界最美的書店裡，用餐區一位難求，書店結帳區卻空空蕩蕩；要不然怎麼會台灣最厲害的誠品要靠出租商場當二房東才有辦法獲利；還有那金石堂的強項是文具類，獨立書店要想辦法供餐供咖啡。怨不得時代啊，眼前這時代已經不是靠閱讀才有辦法獲得知識，這時代也已經不是靠閱讀才能去得了遠方，才認識得了這個世界，在重慶南路書街凋零之前，街角小書店就已經早一步離開了。衰退的不是書店，而是閱讀的渴求，而且勉強不來。

說了這麼絕情的話，真是抱歉。

我還是經常去重慶南路走來走去，去僅存的幾家老派書局，翻翻那裡的書，看看在那裡走動的客人。最常遇到的是拖著行李箱的旅人，說著日語、韓文、廣東話。有兩家專賣進口商品的百貨行永遠逛不膩，有一、兩家賣毛筆和字帖的老店好似撐過半個世紀或更久，但是牛舌餅的攤子已經消失十數年了。騎樓柱子旁賣一張一張撕掉的日曆和農民曆的攤子還在，奇怪的是他們還兼賣室內拖鞋，老闆也總是說，多買一些，我算你便宜。而此時我又想起某一年，去了重慶南路某個普通的老辦公大樓，似乎去買麻油跟烏醋，網路查了一下，果真有一家恆泰豐行，還好有網路，驗證了這段脆弱記憶的真實性。

就算往後重慶南路再也沒有書街殘留的痕跡，就算往後我離開了台北這個城市，如果有機會，還是會想要回到這個區域走一走。記憶裡的書街已經消失，但我可以把告別的時程拉得很長，長到物換星移都搶不走我的記憶。或許對下一個世代來說，那就只是「北車」站前的一條旅館街而已。

就算往後重慶南路再也沒有書街殘留的痕跡，
就算往後我離開了台北這個城市，
如果有機會，還是會想要回到這個區域走一走。

突然就想去基隆

基隆的街邊舊建築保持那種被海水鹽漬過的特別色，本地人說不定不覺得這色澤有什麼特別，但我在街邊一站，就會看到出神，充滿愛意的那種神往。

在某些微妙的時刻，會突然想去基隆，走一走。

譬如情緒有點低落，日子有點悶，或想要撐傘走在雨中的港邊，想要被海港的海水鹹味與濕氣包圍，想去看舊舊的或稱之為風霜的高架橋與菜市場，想去跟每次相遇都妝容髮型到位的菜市場老闆娘買不知道今年第幾條小方巾或小手帕，想去吃廟口的甜不辣但其實是喜歡切得薄薄的小黃瓜與顏色有點浮誇的醬料。也想去吃廟口轉個彎的紅燒鰻魚羹，不是因為多好吃而是有青春記憶的滋味，在淡水讀書那四年，常常同學一吆喝，就衝去基隆廟口吃鰻魚羹，對學生來說，有小小一碗奢侈，還有青澀戀情眉來眼去的曖昧。

繞著港邊散步，是回味青春的渡口，是中年跟自己和解的地方。我的一位基隆朋友說，那裡叫做K市。

有時候純粹只是想搭台鐵普通車去基隆，然後走那條人行陸橋，一邊幻想自己是侯孝賢電影裡的舒淇，直到陸橋被拆了。有時候只是剛好去大直美麗華，看到從那裡發車的客運沒人，很自然就上車了。

不知道這種突然就想去基隆的行為是從什麼時候開始的，尤其從我住的地方出發，簡直比去到盆地另一頭，譬如淡水、中永和、新店、蘆洲都還要近，在車上發呆的時間都不太夠。基隆車站下車時，隨即被那裡的濕度與氣味一手擁入懷中，好像進入一個果凍狀的空間裡，任何移動都很自在，帶有水分的滋潤與包容。

只是在車站與海港周邊走來走去而已，並沒有去到更遠的地方。走著走著，會進入吉卜力的磁場領域，小巷坡道讓我想起吉卜力動畫《來自紅花坂》。以前覺得淡水像橫濱，後來覺得基隆才像橫濱，因為有大港與船，我可以坐在港邊一個小時，直到肌膚都滲入海水的鹹味，一個人也不覺得無聊。有時候轉個方向，看著公車來來去去，想像公車載著什麼人去到那些陌生終點站的遠方，腦海浮現萍水相逢、素昧平生，這樣的詞彙。

最近去基隆，會不自覺想起鄭有傑的電影《親愛的房客》。邊走邊唱著法蘭的歌，唱到「你會很快樂嗎？在夢裡一起回家」時，鼻頭就酸酸的，還不到流淚的程度。歌和電影，以及電影裡的小孩悠宇和沒有血緣的健一爸爸，應該都離不開基隆了。

二〇二一年的冬天，去了兩次基隆過夜，就住在港邊的飯店，房間有大窗戶，可以看見對岸山上亮著KEELUNG大字，泊在港邊的大船深夜出港，不知去了哪裡。霧氣很濃，或許不是自然的霧氣而是空氣很糟的意思，也有可能不是霧，而是細細的雨霏，不撐傘也可以，但走一段路之後，又覺得衣袖都濕了。深夜從廟口那個方向走回飯店時，以為走在推理電影的場景，下一個路口就會跟穿著黑色長風衣的嫌疑犯擦身而過。

偶爾來住一晚真是不錯，晚餐就鑽進小巷吃了旭川安全帽的少年頭家推薦的，據說很厲害的日本料理，回程見到路旁賣各種湯水小吃的攤子，好想坐下伸手來一碗。舊舊的市街做著舊舊的生意，舊得很有款。老舖賣的甜點看起來都很可口，不是新潮的那種洋味造型，而是走回舊時代的傳統糕餅，於這市況之下，反倒覺得新奇。旭川安全帽的少年頭家還說，整條孝三路做吃的都沒有雷，這樣的自信真的很狂。

基隆的街邊舊建築保持那種被海水鹽漬過的特別色，本地人說不定不覺得這色澤有什麼特別，但我在街邊一站，就會看到出神，充滿愛意的那種神往。基隆往往被視為台北衛星城市，很多人誤以為有些景點在基隆但其實是台北縣也就是現在的新北。基隆人書寫這個自身成長的K市，隱約也能讀出脾氣，我看他們寫那些小小的咖啡館，那些異國風味的小館，那些在地氣味的早餐午餐晚餐，那些轉角騎樓生意好得不得了的攤子，那書寫的脾氣完全展現K市的DNA。

有一次從瑞芳搭上從來沒有搭過的客運，跑了好長一段山路，街景全然陌生，但一路滑進市區的那個過程卻充滿提示，隱約感覺海港就在前方。難得沒有下雨，海平面波光粼粼，彷彿水裡跳躍出來的珍珠。下車之後，沒有時間壓力地亂走，繞了站前港邊的舊市區一圈，想要憑印象尋找朋友帶路過的豬肝腸，手機Google也行，又覺得若是靠Google會不會太遜，但找到豬肝腸之前，先被市場剛出油鍋的甜不辣給吸引，那裡還有基隆人很愛吃的吉古拉，看到實體吉古拉才發現那根本是日語的ちくわ（竹輪）。

那些在基隆出生的朋友，或因為讀書就業而留在基隆的人，每每跟他們抱怨雨天的時候，他們就會從嘴角噴出小小一聲「哼！」若要比降雨機率就來啊，沒在怕的，除濕機一天倒幾桶也是基隆封王，他們就是在多雨潮濕的培養皿裡面培養出超強的除濕力與耐濕性，有時候還自嘲說中正公園是稱霸B級景點界的王者。基隆人在這方面的自嘲真的很無敵，我是住過淡水而現居內湖的人，要說多雨潮濕，這兩地跟基隆組成一個發霉聯盟應該沒問題，汐止和宜蘭應該也可以。有時候過於浪漫地說一些下雨好詩情畫意時，基隆人就說，等你來過那種衣服晾一個禮拜也不會乾的日子，再來評斷浪漫或不浪漫。

突然出發去基隆的理由大概就這樣，沒有非吃不可或非去不可的壓力，類似Reset。我喜歡K市那種生猛與悠閒融合得恰到好處的模樣，不知道基隆本地人是不是也這麼覺得。

以前覺得淡水像橫濱，
後來覺得基隆才像橫濱，
因為有大港與船，我可以坐在港邊一個小時，
直到肌膚都滲入海水的鹹味，一個人也不覺得無聊。

穿越時空

——台鐵宜蘭線：瑞芳站

瑞芳月台傳來急促廣播，原來是平溪線即將出發，幾個旅客模樣的人快速衝下月台階梯，但我不也是旅客嗎？

攝氏二十六度，陰天，有風，體感舒爽。這種天氣，加上手頭工作剛好到了完美切割的一個段落，感覺體內與外部召喚的出門元素都齊了，那就出發吧！

捷運南港站，上上下下幾趟電扶梯，穿越裝潢中的賣場工地，嗅到濃烈的強力膠氣味。鑽入台鐵南港站的時候，恰好遇到一群籌備高鐵七月通車的工程師路過，於是繞去瞧瞧，負責管控出入口的保全很緊張，以眼神暗示，我也用眼神回應，請放心，沒有意思要闖進去。

先去了站內的便利商店，這時候喝點咖啡也許不錯，喝啤酒就太過分了，但什麼也沒買。看了ＬＥＤ顯示板，最近一班區間車，開往瑞芳，決定了。

捨棄悠遊卡感應，投幣買了紙卡車票，自己是念舊的人，看到紙卡車票，彷彿見到很久沒聯絡的小學同學。投入車票瞬間，惡狠狠盯著機器，很怕車票被吃進去，不再吐出來。

上車之後，發現是新式車廂，或許不是新的，我對台鐵區間車很陌生，記憶還停在久遠年代，但這列車有沙發等級的絨布觸感座椅，座位排列類似北捷高運量車廂。選了正向靠窗位置，逆向容易暈車，窗外景色倒退，會有時光流逝的蒼涼。連搭車都如此多慮，好討厭。

汐科、汐止。軌道兩側高樓一棟一棟，密集且外觀造型雷同，中間隨機穿插老式公寓頂樓鐵皮違建。望向遠處山腰，建築一棟疊著一棟，疊成階梯一樣的風景。

過了五堵、百福，再來是七堵、八堵。貨櫃場猶如堆了大型積木，五顏六色。有些臨近鐵道的小路，雜草很長，看似荒涼，卻停滿車子。行經礦工醫院時，想起吳念真導演的電影《多桑》。還有，以前有個同事的妹妹，在礦工醫院當護士。

車子停在暖暖，月台上一個老人，穿著紅格子長袖上衣，類似卡其布料的長褲，褲管一邊捲到小腿，一邊放下。老人雙手背在身後，抬頭看著月台另側的山壁青苔與蕨類植物，一動也不動。那模樣不像搭車的人，卻像個仙人，或山的精靈。直到列車啟動，他那微微仰角的抬頭模樣，也無一絲被打擾的跡象。

四腳亭之後，抵達瑞芳。

瑞芳月台傳來急促廣播，原來是平溪線即將出發，幾個旅客模樣的人快速衝下月台階梯，但我不也是旅客嗎？內心早就決定披上在地人的外衣，刻意走得悠哉從容，但這到底有什麼好偽裝的。

下了月台階梯之後，猶豫了一下，決定走往後站的瑞芳老街。紙卡車票沒有收回去，也沒人攔。小站有小站的信任，大抵這樣的信任是很珍貴的，請不要隨意逃票。

走出站外，大概有三、四部計程車停在那裡，計程車司機聚在一起聊天，他們身後有棟兩層樓的老建築，屋頂插著國旗和國民黨藍色黨旗，由左至右排列的橫幅招牌，分別以白底藍字寫著瑞芳區婦女會、瑞芳區黨部、立法委員李慶華服務處，但建築一樓由左至右卻分別是做著生意的麵攤、龍鳳腿與自助餐。相隔幾步路，是黃國昌服務處，門口好多復古式塑膠座椅，兩名少女拿著相機跟黃國昌競選旗幟合照，開心比著Yay。

右轉老街，見到一處老屋廢墟，只剩樑柱和立面紅色磚牆，大樹枝葉從屋內竄出來，建築前方有石階，石階長滿青苔，這幾日多雨，那青苔石階倘若踩踏上去，應該會滑倒後仰摔倒送醫。建物僅存歲月風化之後的鏤空輪廓，但整體氣勢仍有舊日大戶人家或什麼重要建築的暗示，有時候荒廢到了極致反倒吐露許多心事，可是站在那裡一會兒，涼風吹來，還是有時光磁場錯亂的哆嗦。

想要回到車站另一側，但鐵軌相隔，又找不到地下通道，乾脆沿著鐵軌平行的巷弄走，內心盤算著，總會遇到可以穿越鐵軌的平交道吧！

沿途遇到下課的瑞芳高工學生，過了鐵道，在路邊麵包店買了草莓虎皮蛋糕和肉鬆蔥花鹹蛋糕，還試吃了收銀機旁邊的新產品，辣味很重的法國麵包切片，該店師傅一定是個勇於嘗試的人。

繞到車站前方小吃攤聚集的地方，幾個龍鳳腿攤子都號稱老店也都掛著美食行腳節目主持人合照，既然各有擁護者，那就隨機找個攤子排隊。前方一對活脫脫從韓劇跑出來的韓國情侶，和龍鳳腿老闆說韓語，老闆就國台語夾雜，問他們要幾串？要什麼醬料？多少錢？各說各話，但交易完成，沒有障礙。我站在隊伍後方，忍不住笑出來。剛炸好的龍鳳腿燙舌但滋味迷人，看老闆娘揮汗以手工捲出龍鳳腿形狀，再下鍋油炸的俐落身手，更覺得一支賣十元簡直佛心。

在那附近繞來繞去，找不到十幾年前跟隨同事回瑞芳菜市場買魚漿的地方，問了一下，才知道午前才有菜市場，看來下次還要跑一趟，最好是透早，天剛亮。

鄰近街路隨意散步，黃昏的瑞芳，小鎮的庶民生活感很濃。繞回車站，才發現側邊有連通前後站的地下道，根本不必繞那一大圈。地下通道兩邊牆上掛了新舊街景對照的大幅照片，我看得入迷，這裡根本是穿越時空的一個缺口，會不會走著走著，通道另一側的光影裡，走來日劇仁醫的大澤隆夫？

又回到後站，又看到國民黨瑞芳黨部建築。在知名的芋圓老店點了一碗黑糖燒麻糬，麻糬很Q軟，黑糖甜度恰好，花生粉很誘人。我盡量把麻糬在碗內滾來滾去，滾滿花生粉再入口，最後還把盤子拿起來舔乾淨，吃相不佳，若要怪，就怪花生粉太可口。

畢竟是平日，來此吃冰或加點甜不辣的客人，好像都是熟客。有房仲業務員模樣的男子跟店家討論今年芋頭歉收的情況，也有態度有禮的國中生問阿姨妳還有煉乳嗎？我嚇一跳，這問題會不會太直白？但男孩只是要外帶剉冰，阿姨不只淋上煉乳，還要他快點回家。小鎮人情，真不錯。

返程的月台上，滿滿下課學生，有人坐在椅子上吃炸雞排，多數在滑手機。偶有幾對男女同學，曖昧上演著青春純愛電影。

往台北方向的乘客不少，隔壁坐一名金色短髮歐美系女生，斜前方是三個香港人。

列車又經過礦工醫院，我跟吳念真導演的多桑說再見。

再經過暖暖站月台，已經看不到抬頭看青苔與蕨類的老人。暖暖這地名真的好暖。

在七堵等待會車，對向迎來一部塗裝成「京急電鐵紅」的通勤列車，那紅色真的很漂亮，希望永遠不要塗回來。

往來時的方向前去，經過汐科站，人潮湧進來，車廂瞬間填滿科技從業人員的「下班氣」。

平日午後，往返瑞芳區間車車廂，讓我想起二〇一三年三月，從千葉往返佐原的JR成田線，同樣的普通列車，濃烈的既視感。

回到南港站的時候，恰好是天色將暗未暗的魔幻時刻。走到站外，看著南港路車潮，這附近已經與往昔大不同，未來高鐵通車之後，恐怕摩登氣味會更濃。幾十分鐘以前的瑞芳，好像是相隔半個世紀的舊日，我是從那裡回來的浦島太郎，但瑞芳不是龍宮，那裡沒有乙姬公主，我手上也沒有打開之後瞬間蒼老的玉手箱，只有普通麵包店帶回來的草莓虎皮蛋糕和肉鬆蔥花鹹蛋糕，以及打嗝瞬間回甘的龍鳳腿與黑糖燒麻糬。

後記：二〇一六年五月第一次搭普通列車前往瑞芳之後，從此維持著每年一到兩次的頻率，有時候從那裡出發去平溪線，有時候從那裡轉車去九份或金瓜石，或從九份或金瓜石下山之後，刻意下車去吃龍鳳腿。

這裡根本是穿越時空的一個缺口，
會不會走著走著，
通道另一側的光影裡，走來日劇仁醫的大澤隆夫？

就算被全世界遺忘

——台鐵平溪線：三貂嶺

小站建築真的很小，小到我一人坐在候車室，站長都不用起身，只要坐在售票口那一側，就能用普通聲量問我要搭幾點的車。

從瑞芳跳上列車時，原本想到下一站猴硐看看。然而列車門打開瞬間，猶豫了幾秒鐘，聽說這地方貓多，我是怕貓的人，萬一被貓包圍，就算眼神交會，就算意義不明的喵喵幾聲，都會讓我原地凍結，彷彿被武林高手點了穴道，哪裡也去不了。諸多想像畫面在腦內糾結，稍稍猶豫，車門就關了。

車廂內，有一群遊覽團的阿公阿嬤正在大聲交談，講到開心處，哈哈大笑的聲勢讓人誤以為置身廟會。

我貼著車門，鼻子抵住玻璃，那就下一站吧，不管是哪裡，什麼都不要想，毅然決然，就下車。

於是來到三貂嶺。

車門打開時，狹窄的月台，幾個登山客模樣的乘客擠在那裡拍照，拍完照，一哄而散。小站剩下我跟站長，還有一個年輕的站務人員。

火車很快就開走了。車站側邊，正在進行工程，狹長而扁的金屬鷹架，折射出正午烈日豔陽，好像射出一支支小飛鏢那樣刺眼。攀在鷹架上的建築工人，也顧不得紫外線，下層的工人拋了一罐水給上層的工人，兩人還唱起台語歌，歌詞裡面有什麼漂泊還有什麼愛人之類的。

並沒有出站的打算，一心想著對向列車應該很快就來，折返回去就當這段路程的猶豫根本沒發生過。只是在列車離開之後，這個車站就安靜下來，安靜到蟲鳴的窸窸窣窣都慢慢進入午睡的假寐囈語狀態。當蟲鳴也靜默，感覺陽光因此有了聲音，仔細聽，才發現那不是陽光的聲音，而是溫熱的風，拂過整座山的樹葉，發出沙沙沙的竊竊私語。

那名年輕的站務人員把月台門關上，但也不是什麼設備精良的門，比較類似尋常人家的後院小門，只要手腕繞過柵欄空隙，還是可以打開。但這個小站有小站的規矩，沒有站方工作人員引導，禁止乘客自行穿越軌道，畢竟有太多過站不停的對號列車呼嘯而過，太危險了。

小站建築真的很小，小到我一人坐在候車室，站長都不用起身，只要坐在售票口那一側，就能用普通聲量問我要搭幾點的車。問過之後，雙方又安靜下來，連建築工人唱台語歌的聲音都安歇了。

候車室幾個座椅，頭頂有吊扇，牆邊有滅火器和捕蚊燈，還有一套AED電擊急救設備，和一座看起來頗孤僻的電子票券讀卡機。站內沒有LED列車顯示訊號，只有老派的白底藍字壓克力板時刻表。

最接近的列車到站時間大概是半個小時以後，我看見候車室有整櫃漫畫書的時候，不小心笑出聲音來。那些漫畫看起來有點年紀，紙頁泛黃，可能是濕度的關係，紙纖維觸感濕潤。我拿了一本，坐下來翻閱，類似早年那種畫報的短小單元題材，還有幾個連載。讀著讀著，不小心入迷，直到一隻黑蚊，停在手臂上，感覺些微刺痛的癢。

這裡的蚊子對人類沒有戒心，吃飽之後停在那裡舔舌打嗝，要真的一掌打死牠也不是不行，但念在牠那毫無危機感的傻勁，只揮手將牠驅離，一小包被叮咬的紅腫，取了口袋裡的白花油塗抹一下，聊表心意。

外頭陽光很強，但站內很涼，天然冷氣空調的概念。我開始想像究竟是誰把漫畫書搬來，積成一整櫃，往後如果有漫畫家來此辦簽書會，那就是放大絕了，活動Slogan可以這麼寫，「山裡的三貂嶺，就算被全世界遺忘，也還有漫畫」。

一班呼嘯而過的快速列車，轟隆轟隆，隨即這山裡的小站又安靜下來。我抬頭看了時刻表，清晨最早的班次四點五十七分，深夜最晚十一點四十二分收班，所以站長和那名年輕的站務人員，比早班更早，比晚班更晚的車站作息，倘若是荒天大雨的日子，或低溫凜冽的冬日，這座全台灣唯一無法開車抵達的車站，非得靠人力的堅強才有辦法抵得住寂寞啊！

於是我想起高倉健和廣末涼子的電影，《鐵道員》。以及那個在電影裡叫做「幌舞」的小站。

一個當地居民模樣的大哥，背著雙肩背包，拉一部買菜推車，刷了悠遊卡之後，站在月台小門前方，雙手扠腰，也沒有拿漫畫看的意思。

時間到了，那名年輕的站務人員拉開小門，帶著我和那位買菜車大哥走過月台，謹慎的程度猶如走在頒獎典禮紅毯。下了軌道，再爬上對向月台。這儀式是每班列車進站時，必然要來回一趟的任務，其餘的時間，被整個世界遺忘的孤獨，是他們日復一日的工作。

該來的列車並沒有在預期的時間抵達。我跟不相識的那名乘客，也無交談，卻一起抬頭看著工地鷹架那兩個工人。工人搭檔不曉得正在說什麼冷笑話，感覺那畫面如果可以來兩罐保力達B或蠻牛應該更盡興。

往瑞芳方向的月台沒有跑馬燈告知列車延遲的訊息，如果就這樣子一直不來，這個山裡的小站，會不會就此鑽進時間旅行的缺口，去了北海道，一個叫做幌舞的地方，站長是高倉健，小女孩是廣末涼子。

終於，遠遠軌道那側，列車緩緩浮現，突然有種想要留下來的衝動，起碼把站內的漫畫讀過三分之一才行吧！那叫做離情依依嗎？

上車之後，列車啟動，小站和建築工人的鷹架都快速縮小成遠方的黑點。我用手機Google，原來這三貂嶺站從一九二二年就存在了，二〇一〇年以前的平均每日進站旅次約莫三十人，二〇一〇年以後才有機會突破五十人。

一九二二，我還在上一輩子呢！而這一時興起的中途下車，意外成了每日平均進站旅客的其中一人。

或許等天冷的時候，最好有霜，還飄點小雨的天氣，再來三貂嶺站看漫畫，看看那鷹架拆掉之後，蓋了什麼模樣的建築。要不要揪團來這裡煮燒酒雞，請孤單的站長和年輕站務人員一起暖暖胃？

就算被全世界遺忘了，還有三貂嶺站的漫畫可以陪我一起度過……那天在小車站等待半小時之後的普通列車時，腦海不斷浮現這段文青假掰的台詞，猶如一場自己跟自己演的內心戲。

某天看日本綜藝節目，位於日光市的野岩鐵道沿線，一個叫做男鹿高原的車站，每日平均到站人數〇．七九人。主持人在那個小站埋伏，等待利用鐵道通學的高中生，要是沒等到，節目就不會結束。高中生真的出現了，但據說這個高中生畢業之後，就沒有學生會再利用鐵道通學了。

三貂嶺站，有沒有學生通學呢？真想知道。

天涼以後，也許再來，偷偷塞一本喜愛的漫畫在書櫃裡，如果有不相識的陌生過客讀了幾頁或看完整本，那應該就是緣分了。

後記：二〇一六年六月盛夏去了三貂嶺車站，二〇一八年三月去了積雪的福島會津湯野上溫泉站，站內除了暖爐還有整面牆的漫畫。當時想著，因為漫畫結緣，可不可以讓三貂嶺與湯野上溫泉結為姐妹站呢？

就算被全世界遺忘了，
還有三貂嶺站的漫畫可以陪我一起度過……

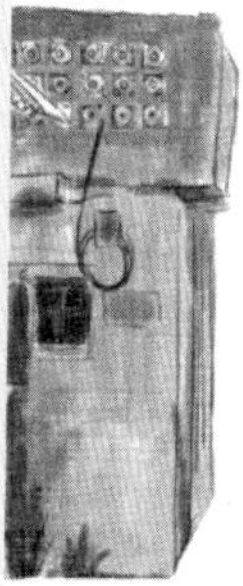

過去的自己跟現在的自己——台鐵西部幹線：山佳站

出了隧道，歲月凝結，這裡會不會是傳言中的桃花源？我在車窗裡側，想像白鬍子的仙人，站在月台，向我揮手。

颱風警報發布前夕，通勤列車往南，過了板橋之後，突然想去那個小站看看，一個名為山佳的地方。

幾十年，鐵道來來去去，每每從台北車站搭乘自強號往南，過了板橋站，從地底鑽上來，經過樹林，經過鐵道旁的圖書館，再過了列車入庫歇息的調車場，過隧道，轉個彎，景色就不同了。總覺得那個小站月台在霧裡蜿蜒成一道孤寂的弧線，快車呼嘯而過，月台往往無人，如果是夏天，應該是涼風颯爽，若到了冬天，想必是空氣凜冽，有山城的氣息。

山很近，山的遠近翠綠有漸層的潑墨效果。長年以來，我對山佳這個小站，一直都有仙境的奇想，出了隧道，歲月凝結，這裡會不會是傳言中的桃花源？我在車窗裡側，想像白鬍子的仙人，站在月台，向我揮手。

月台兩側有緊鄰鐵道的住家房舍，有紅磚瓦屋，也有鐵皮加蓋屋頂上面堆著黑色廢棄粗大輪胎，排列矩陣看似隨意，卻讓人懷疑那會不會是向宇宙路過的外星人暗示什麼地球的祕密？這麼想的時候，連自己都覺得過於神經質。

下車時，已是傍晚五點多，突然一陣大雨，土裡的熱氣有蒸籠冒出來的濕潤度。猛暑午後的雨勢一來，土的味道瞬間熟成，毫不客氣，立刻就撲身而來。

列車離開之後，看著對向月台的彩色塑膠椅，額頭汗珠滑進眼裡，一陣酸澀。

往軌道兩側張望，一邊是出了隧道的彎道，一邊是往南方去的彎道，轉彎的弧形猶如比例完美的蟹腳，而山佳站的月台，就在圓弧線的交會點。

新的車站位在月台上方的半空中，候車室有幾部夾娃娃機，這個普通車才停靠的小站，候車排遣無聊時，會有多少人去投幣夾娃娃呢？

從新站候車室窗口俯瞰鐵道，雨勢很大，濕氣更重，高溫依然殘留，空氣擰得出水來，皮膚又黏又膩。

搭乘電梯往下，站外被綠色圍籬包起來的舊車站建築還在修復中，工程告示板的完工日期似乎塗改過很多次，但圍籬之內靜悄悄，遲遲未完工，不曉得怎麼了。

站前的腹地不大，公車停靠的站牌處，並沒有行人上下車的足夠空間。一個穿著窄裙、OL模樣的女子下車之後，匆忙跳過柏油路面水窪，一下子就溜進站牌附近的便當店。

撐著傘在站前晃了一下，鞋子都濕了，很想隨興跳上一輛陌生路線的公車往三峽。但想了一下，雨天會澆熄冒險的熱血，而熱天好像也容易讓人怠惰，總之，猶豫之間，車子開走了。

抬頭看到佳園路的指標，想起大學剛畢業那幾年，在保險公司工作，那時公司跟農會與信用合作社系統的關係不錯，常常看到貸款戶的房屋火險保單，一整批標示佳園路地址，或許是新建案的關係。但幾十年經過，當時的新建案都成老房子了吧，那些人，那些人名，不曉得貸款還清了沒？

啊，有一種……過去的自己跟現在的自己，在佳園路的路標底下擦身而過的日劇感。

折返回到車站，沒有搭電梯，改走樓梯，樓梯轉角處，一對穿學生制服的小情侶在那裡講悄悄話。小站進出的乘客多數刷電子票證，買票的人少，有幾台自動售票機，但人工售票口裡面依然坐一名年紀稍長的台鐵員工，那人有一張哲學沉思的臉。剪票口那側，另有一名員工，坐在高腳椅上，一腿勾著椅子，一腿撐著地板，沉默，不曉得在想什麼事情。

坐在月台，南北來往過了四班車之後，雨停了，隧道那頭，出現黃昏魔幻的光影。

隨意跳上一部往北的通勤列車，經過樹林調車場時，暮色映著另一個軌道停放的東部太魯閣號，看起來像科幻電影裡即將啟程的夢幻列車。

列車停在浮洲站時，想起之前在網路讀過一篇文章，提到愛亞的暢銷小說《曾經》，有一段主角李芳儒全家離開新竹，搬到台北縣眷村之後經歷的那場颱風大水，應該就在浮洲。多年前，小說改編的戲劇在公視頻道放映時，飾演淹水這段劇情的李芳儒，是剛出道的蕭淑慎，那時蕭淑慎的模樣簡直是李芳儒最貼切的投射，瘦弱，純真，膽子大，目光炯炯。後來我搭乘高鐵列車，每每看到台鐵浮洲站簡易月台從視野快速後退的景色，總會想起電視劇那幾幕淹水的畫面。在我內心，浮洲這站名也就有了地理與小說，或小說與人生的參考座標，而那時寄居在李芳儒這角色裡的蕭淑慎，在那之後的人生際遇，似乎又是另一種形式的浮動。

我搭乘的通勤列車，過了板橋、萬華、台北、松山……一路往北。當晚在南港下車時，繞出站外，悶熱如常，不久之前那場山佳的大雨，路過浮洲那時想起的李芳儒與蕭淑慎，好像是另一個世界的桃花源。

兩天之後的颱風夜裡，松山進站的通勤列車發生爆炸，據說，引爆炸彈的那名先生，原本想在新竹引爆炸彈，可是看到一個小女孩的笑臉，遲疑了一下。

看著新聞畫面，想起山佳車站那幾台夾娃娃機，如果那名先生從山佳上車，如果在等待的時間裡，一時興起，口袋剛好有銅板，會不會投幣夾個娃娃呢？台灣的夾娃娃機向來都把彈簧改得很鬆，如果剛好夾到娃娃，那是不得了的功夫啊……會不會因為這微小的幸福，讓他有了不一樣的決定？

而此時回想，我都沒有把握山佳新站候車室那排遊戲機器，究竟是不是夾娃娃機？或根本是其他機台？

那麼，山佳舊站修復之後，天氣涼一點的季節，為了確認夾娃娃機的存在，就搭火車再去一次吧！如果「空中候車室」真的有夾娃娃機，不要猶豫，投幣玩五次，決定了。

後記：寫於二〇一六年，山佳舊站修復中。修復之後又去了一次，嗅到美好的木頭香，但是忘記確認新站候車室的夾娃娃機了。那次返程隨意跳上一部公車，沿途經過昔日的國立藝專，現在應該是改名台藝大了。大一暑假曾經在這裡受過短暫訓練之後，被救國團放到山裡去教小孩唱歌，集訓那幾天，被蚊子叮得很慘。

友情帶路

——花蓮的思念和情感

於是，花蓮切割成「朋友的花蓮」和「旅遊的花蓮」，漸漸地，我發現朋友的花蓮，遠比旅遊的花蓮，來得有味道。

關於花蓮的旅遊記憶是非常片段的，最早似乎是跟著家人一起，不曉得誰開著工廠載布匹的老福斯麵包車，那次究竟去了什麼地方，完全沒印象，畢竟是小學之前，只記得手掌被滑動的車門夾到，哭到大人都來安慰，很丟臉。可是仔細想想，那次到底是去花蓮還是台東，反正對小孩來說，出門旅行多數都在吃東西跟睡覺而已，當然偶爾也會暈車。

比較具體的記憶應該是大學一年級暑假，颱風警報發布後，和社團朋友結伴去瑞穗深山的學姐家，火車抵達花蓮之後，還搭了很久的客運，下車之後，陪學姐去街上郵局順便把郵件領回家。當晚風雨交加，學姐的媽媽做了麻糬，熱呼呼的，蘸花生粉吃。翌日風雨過了，天空十分乾淨，我們把飲料罐放進溪裡冰鎮，水勢湍急，飲料罐被一路沖到下游，完全追不上。

有一年寒假，又跟社團朋友結伴去花蓮，住在學弟的同學家裡經營的老旅館，平房，榻榻米通鋪，冷風從木頭窗縫隙鑽進來，咻咻咻，一整夜，隨時會有幽靈闖進來的錯覺。那幾天冷到每晚都去旅館前方的攤子吃薑汁熱豆花，還廝殺了好幾回豆花攤子旁邊的彈珠檯。

後來畢業旅行搭遊覽車環島，去了太魯閣、長春祠，夜宿統帥飯店。那陣子地震多，入住之後，一群人認真找逃生門逃生梯，還規劃了逃生路線。

又一次農曆春節家族旅行，參加國內旅遊團，一晚住海洋世界高檔飯店，一晚住農場小木屋，外加吃到飽自助餐簡直暴飲暴食，典型的觀光客行程。

有一次臨時去東華大學代課，住在東華會館，下課之後跟會館借了腳踏車，出發前，天空只有小程度的烏雲，沒想到騎到一半，開始飄雨，只好折返，校園之大，令人軟腳，但夜裡聽著蟲鳴非常愜意。翌日醒來，尚有露水的清早，提著行李到校園等待接駁車，與朋友相約在後火車站，那是第一次去時光書店，還去吃了CP值很高的早午餐，聽她們聊移民花蓮的種種。

於是，花蓮切割成「朋友的花蓮」和「旅遊的花蓮」，漸漸地，我發現朋友的花蓮，遠比旅遊的花蓮，來得有味道，也因此越來越不愛旅遊導覽的花蓮以及觀光客行程的花蓮。我喜歡從朋友的鄉愁與日常之中，讀取他們眼裡的思念和情感，說他們小學幾年級住過哪條街，家裡的哪個親戚在什麼地方開什麼店，高中的時候背著書包去哪一處海邊把妹，哪裡的鐵皮屋搭起來就賣起炸物的小攤子是多麼便宜又能吃得多粗飽，很厲害的早餐店絕對不能曝光否則以後要排隊……講到這些，我發現花蓮人跟台南人有某部分的私心是很類似的，這種路線絕對要靠友情帶路，若是拿著旅遊手冊一路翻找，顯然不對味。

朋友帶去的岸邊沙灘永遠都只有稀疏幾人在那裡發呆，即使躺成一排也不會有人從頭頂踏步經過，或有導遊拿著擴音器與小旗子來亂入。朋友臨時停車的小漁港原本只打算放人去洗手間，最後因為小攤剛起鍋的魚丸太誘人，順便就挑了花蟹和白帶魚，請店家烹煮，那白帶魚晶晶亮亮如鑲滿鑽石的腰帶，售價卻是台北市場的一半不到。離開之後開始扼腕沒有帶走透抽與鳳螺，至於那漁港叫做什麼也沒問，仗著友情堅固，下次再來應該不是問題。

尤其喜歡聽朋友說，他在溪口出生，當地最有錢最受信賴的是一位醫生，醫生館的平房還在，對面的台電宿舍也沒拆，那時村子裡有個很會跳舞唱歌的小女孩，所有男孩都愛慕，但那小女孩後來到底成了什麼模樣沒人知道，還說那時大雨過後，會去電廠附近撿拾蝸牛……說這些事情的時候，車子緩緩駛過，有霧有雨的天氣，朋友的童年回憶是最深刻的風景，那時窗外往後倒退的彷彿不是街景，而是人生。

路過鳳林，去了朋友舅舅開的花生老店，傳統的狹長街屋，舅媽招待喝了刺五加，古法製作的麻辣花生簡直完封某某中國名物，但是朋友說不要再幫他們宣傳了，生意太好會做不來，目前這種規模，剛剛好。

鳳林街上，緩緩慢慢，朋友說，這是個慢城，連小鳥都飛得很慢。我們坐在騎樓吃臭豆腐，臭豆腐入油鍋之後，也是慢慢炸，炸出外皮酥脆，內裡軟嫩，還保有黃豆的香氣。走幾步路去冰果室吃冰，鳳梨剉冰的鳳梨煮到金黃透亮，冰淇淋兩球搭配花瓣造型的瓷盤，好像久遠台語電影會出現的約會場景。從店舖二樓的玻璃窗戶俯瞰寂靜街景，週日正午也無遊客，我們幾個跟著朋友的鄉愁來到此地的異鄉人，竟有了鳳林在地人在老派冰果室吃冰的錯覺，猶如一場穿越的時光劇。

好像可以在那附近走來走去也不會無聊，旅行如果有這種奢侈的閒暇應該會一輩子思念，不必為了趕行程而匆匆忙忙，看似什麼地方都去了，卻什麼地方都記不得。拚命拍照打卡，卻想不起抵達時的空氣裡有什麼氣味，也想不起離開之前的溫度究竟是舒爽還是略帶寒意，如果是那樣，好像只要瀏覽網頁也辦得到。

原來，我眷戀的花蓮，其實是內含友情帶路的鄉愁，他們的鄉愁，以及我因為友情而產生的另個重組的鄉愁，組成調配得宜的黃金比例，一旦離開之後就會開始思念的情緒，那裡必然有山的稜線，筆直的公路，一個轉彎就看見海的驚喜。

某晚用餐過後，店家一對姐妹出來送別，叮嚀我們要多吃「原住民種的青菜」，那些青菜只要簡單在熱鍋湯裡稍稍燙過就美味極了，即使有稍微的苦味，最後也都可以在喉間深邃回甘，好像把陽光雨水的養分都一併入味。

雖然嚷嚷著不要再吃了，再吃就變成豬，然而公路旁的麵店一出現還是忍不住停下來。點了麵食熱湯之前，先上桌的小碟盛滿尖尖如小丘陵那樣的菜頭刨絲，簡單酸甜調味卻好吃到讓人胃口大開，酸菜肚片湯的豬肚給得慷慨爽快，這地方招待食客的店家誠意會不會太用力啊！

到山上看夜景，朋友手指著燈火斑爛如棋盤那樣的山下街道，那裡是軍事基地，那裡叫吉安，那個方向是壽豐，那邊是慶修院……深夜的山區傳來誦經的鐘聲，微雨天空彷彿罩上一層迷離的霧，還有東台灣才有的氣味，花蓮的氣味。

三十年朋友聚在一起，哪裡都好玩，哪裡都能聊上一段往事，順便還揶揄了市區一直出現的某某候選人看板，還叨擾了原本打算上山談戀愛的小情侶。

朋友說要帶走的伴手禮應該不是麻糬，而是花蓮薯才對啊！還在學校讀書的時候，就經常吃他返鄉帶回來的花蓮薯，想起那時他們一票從花蓮來台北讀書的男孩，租了公寓，也沒隔間，床墊排成一排，用軟木塞板子在門口掛了「洄瀾」兩個大字。

已經徹底告別那種「沒有吃過×××就不算來過花蓮」的衝刺心態了，就算再去幾次林田山還是會不斷拿友誼的笑鬧老哏出來互相漏氣。在可以看到花蓮港的地方坐下來，火力全開耍白爛好像也很盡興。反正假期結束，回到工作和各自的人生之後，就要想辦法在下一次聚會之前，努力讓自己不要發胖，白頭髮不要太多，只要可以找到老朋友一起搶食秋冬的螃蟹，可以一起變老一起去旅行，應該也沒什麼好怕的了。

原來，我眷戀的花蓮，其實是內含友情帶路的鄉愁……

一旦離開之後就會開始思念的情緒，

那裡必然有山的稜線，筆直的公路，一個轉彎就看見海的驚喜。

原本可以改變的……

——梅屋敷那一晚

七十二年前的梅屋敷那一晚，原本有機會讓二二八死傷不再擴大，台灣歷史或許可以重寫。而今回首，真是不勝唏嘘。

梅屋敷位在台北車站與市民大道之間，日治時期的北門町十九號，是當時台北知名的料亭，前方就是通往台灣神社參拜的敕使街道。

由於一九一三年八月，二次革命失敗之後，孫逸仙曾經搭船經由台灣前往日本，在梅屋敷短暫停留幾日，因此梅屋敷在戰後由國民黨指定為「國父史蹟紀念館」，原本的日式庭園也改建成蘇州園林造景。

其實，在二二八發生之後，梅屋敷經歷過關鍵性的一晚，曾經有機會改變台灣命運。

梅屋敷和吾妻旅館

提到梅屋敷，必須從一對母女說起。一八九六年七月，清朝割讓台灣予日本殖民統治的翌年，藤井なみ帶著女兒藤井登美惠渡海來台，起初在一家名為「東」的料理店工作，約莫半年之後，從老闆手中接下經營權，改名為「吾妻」，算是台灣會席料理的始祖。吾妻料亭的美味普獲好評，生意大好，一九〇五年十二月，藤井なみ與大和辰之助投資成立了敕使街道上的「梅屋敷」，成為當時達官顯要、政商名流宴客的首選，到了一九一一年，藤井結束吾妻料亭，併入梅屋敷經營。

到了一九一三年，藤井在台北市表町二丁目十三、十七番地，興建了兩層樓的純日式「吾妻旅館」，與對面的台北鐵道旅館，堪稱「台北驛前」左右對稱的兩座和、洋大旅館。吾妻旅館由藤井なみ的三十二歲長女藤井登美惠一肩扛起重責，吾妻旅館在高雄與台南都有支店，高雄的建物至今仍然存在，而台南支店後來改名「東屋旅館」，終戰之後拆除，改建為現在的「台南大飯店」。

藤井登美惠在一九二五年過世，因膝下無子，母親決定將吾妻旅館交給養子藤井悟一郎經營，悟一郎是梅屋敷合資老闆大和家的第五個兒子，自東京農業大學畢業之後，進入高砂麥酒株式會社釀造部工作，五年後因為藤井登美惠過世，意外接下吾妻旅館的事業，之後還當上台灣旅館組合聯合會的副會長。依照目前梅屋敷現址的國父史蹟館資料記載，梅屋敷所有權人大和宗吉，與悟一郎其實是兄弟關係。

根據財團法人中山文化學術基金會出版的《中山先生建國宏規與實踐》內文記載，藤井悟一郎回憶孫逸仙該次旅台，著黑色西服，不多言語，食量不多也不嗜酒，隨行除有日人保護外，台灣總督府也派憲兵在門口警戒，似是禮貌接待，也不乏監視意味。停留時間短暫，但還是見到興中會與同盟會時期的同志，包括翁倩玉的祖父翁俊明。

根據二〇一九年二月十三日自由時報的報導，行政院黨產會調查發現，梅屋敷在終戰之後，由台灣省行政長官公署日產接收委員會祕書處接收，作為招待賓客之用，但國民黨台灣省黨部以紀念國父史蹟需要，要求長官公署將梅屋敷移交省黨部使用。根據移交清冊，國民黨不僅無償獲得梅屋敷建物及土地，也取得六箱金屏風、八十本卷軸、十四張茶台、一台電動機馬達幫浦和全部食器。梅屋敷移交台灣省黨部後，改稱為「新生活賓館」，由一九四六年簽訂的「新生活賓館」承租契約內容發現，部分空間變成「黨員遊藝室」，其餘房間以一萬元租給吳子瑜經營，另收兩萬元捐獻紀念館費用，房屋修繕則由承租人自行負責。到了一九九五年三月由台北市政府以六．五億元向國民黨「徵收」，改成現在的逸仙公園。

二二八之後的梅屋敷那一晚

一九四七年，台灣發生二二八事件，當時不比現在有網路傳播，許多訊息必須透過電報和書信，直到事發四天後的三月四日，中國上海的台灣人陸續獲知此事。根據戰時情報人員「長江一號」張錫鈞的回憶錄記載，當晚八時，在滬台灣人在老靶子路台灣同鄉會召開台灣旅滬六個團體緊急會議，會議決定由六團體組成「台灣二二八慘案聯合後援會」（原訂名為「抗議台灣二二八慘案暴行委員會」），隔天在大西洋餐廳舉行媒體記者會，報告慘案經過，並發表旅滬台灣六團體聲援二二八的「告全國同胞書」。三月十日，旅滬六團體抵國民政府所在的南京召開記者會，詳述自抗日勝利以來台灣經歷的種種與二二八經過詳情，之後「南京台灣同鄉會」也加入，會後由京滬七團體組成台胞請願團，向國防部長白崇禧將軍（作家白先勇之父）進言，建議先派台灣各團體代表赴台灣了解情況，與陳儀談判，白崇禧表示原則同意。三月十一日，由國防部長白崇禧下令，南京空運大隊派出專機，自南京起飛，先在上海龍華機場降落接人，載送南京和上海台胞組成的慰問團赴台。代表團成員包括張邦傑、楊肇嘉、陳重光、張錫鈞共計十一名台灣籍代表，同機成員還有國防部人員和媒體記者，當天下午五點左右，降落台北松山機場。

根據隨團記者在上海《文匯報》發表的報導，形容下機後看到的台北街景，充滿戰爭氛氛，武裝軍憲滿布崗位，軍用卡車裝著機關槍穿梭示威，商店和民宅都關上大門。當時的行政長官陳儀命令嚴查行人，大街上如果三人以上走在一起，即可開槍射擊。

代表團成員張邦傑與張錫鈞兄弟出身高雄旗後，先祖為英商怡記洋行的華人買辦，日本殖民時期因為加入文化協會遭日警盯上，舉家遷往廈門，以堂兄張錫祺創辦的光華眼科作為掩護，在抗戰時期從事情報工作。張邦傑是戰後國民政府前進指揮所的台灣接收大員，經常與陳儀意見不合，曾經被關在青島東路三號，之後被陳儀逐出台灣。兄弟倆原本打算抵台之後下榻舊識「大東銀行」陳煌與陳炘兄弟府上，殊不知陳煌在二二八之後已逃至上海，陳炘遭逮捕失蹤。一行人只能由官方安排下榻行政長官公署對面的「新生活賓館」，也就是梅屋敷原址。

抵達之後，國防部人員立即持國防部長簽署的文件，過街到行政長官公署與陳儀見面。代表團成員在原地等候期間，賓館周圍高地均已布滿崗哨，內外派有大批憲兵和便衣密探，禁止代表外出並不得與任何人接觸，一舉一動都在刺刀槍桿「保護」之下進行，連上廁所也有持槍士兵緊盯不放。賓館女侍哭喪著臉，主人吳子瑜老先生縮在長廊深處，神色慘白，活活勾描出「驚弓之鳥」的可憐模樣。據張錫鈞回憶，在軍警嚴密監視下，仍有幾位代表的親友化妝混進賓館。

深夜十一時左右，陳儀派祕書長前來談判，代表團發言人張邦傑提出「懲辦台灣警備司令部參謀長柯遠芬」「省長以外，一律民選」「即時撤銷戒嚴令」等三個要求都被拒絕，陳儀並下令隔天早晨九點鐘，所有代表原班機離開，代表團成員一旦踏出賓館大門，安全自負。

根據張錫鈞的回憶錄記載，十二日早上，台灣警備司令柯遠芬一臉殺氣前來，對張邦傑施以「特別的禮儀」，有意扣留，被一同來台的楊肇嘉拉開。而根據《文匯報》的隨團記者描述，「柯遠芬突然惠臨，帶著護衛，戎裝直入，大家看這神氣，一定是來抓人的了。他坐定之後，請慰問團團長張邦傑去談話。張先生從迴廊的五步一崗，十步一哨中，慢慢走去時，前擁後護，有似犯人起解的情形。」柯遠芬聲稱，三月二十日以前，完全可以用武力鎮壓台灣民眾。

代表團離開梅屋敷，坐上長官公署的公務車時，憲兵荷槍實彈，左右兩排，作射擊狀。隨行記者在《文匯報》發表的報導寫下：「女侍將行李一件一件恭謹地送上，有一個天真的台灣姑娘，不識時務地用她初學會而不熟的國語問著，『幾時再來？』這時大家心緒如麻，也只得黯然無語了。」

軟禁與忌辰的巧合

那天是三月十二日，恰好是國父孫逸仙的忌辰，代表團搭著車子經過空無一人的街道，瞥見緊閉的門口斜插著國旗，記者想起孫總理在天之靈，看到台灣這光景，不免也要痛哭失聲吧！

在《文匯報》的報導中提到，代表團抵達梅屋敷時，遇到的當地人，全都歡呼「救星來了」，將他們奉為上賓。因為無餘屋可住，還開了國父史蹟館給他們借宿，沒想到，竟被軟禁了十數個小時。在台北所蒐集有關二二八事件的報紙資料，上飛機前均被搜查沒收。

代表團遭原機遣回中國之後，於三月十三日在秦利酒家召開記者會，報告國民黨在台灣大肆屠殺的真相，翌日這消息陸續在中國乃至世界各大報紙曝光。十五日又在上海八仙橋青年會舉行記者招待會，代表六百萬台胞鄭重發表「告全國同胞書」，指責陳儀對台民的報復行動，十九日再度致電行政院長于右任重申妥善處理二二八事件的建議。台灣二二八慘案後援會直至一九四七年五月陳儀去職離台才解散。

在梅屋敷被軟禁十數小時的成員之中，楊肇嘉在一九四九年自中國返台，出任省府委員與民政廳長。陳重光是台灣養樂多董事長，也曾擔任台視董事長、省議員跟市議員、中華職棒會長。張錫鈞在一九四九年之後選擇留在上海行醫，文革時期遭下放青海，晚年獲得平反，過世之後葬在上海龍華公墓，自梅屋敷那晚之後，終其一生沒有機會再回到故鄉台灣。

代表團團長張邦傑，戰後與陳儀關係緊張，經歷過入獄、逃亡，二二八發生之後在上海南京奔走，替台灣發聲。蔣介石派遣第二十一師在基隆登陸的消息，就是由他打電話到迪化街巫世傳住處，請大家務必提前因應。在終戰之初，他曾經是前進指揮所位階最高的台籍人士，也曾經是省主席的有力人選，他是戰後創建台灣省政治協會的中堅分子，而該協會的許多台籍菁英，在二二八當時加入各地處理委員會，努力維護社會秩序，卻因此喪生於槍口之下。

七十二年前的梅屋敷那一晚，原本有機會讓二二八死傷不再擴大，台灣歷史或許可以重寫。而今回首，真是不勝唏噓。

梅屋敷經歷過關鍵性的一晚，
曾經有機會改變台灣命運。

消失的三線路之夢

——三橋町陳茂通邸

我站在建築物門前，華燈初上的傍晚，彷彿看到屋內燈火亮起，往右望去，是走在三線路、哼唱著台灣歌謠〈月夜愁〉的戀愛男女；往左望去，是三板橋的暮色，一九三三年，昭和八年的街景。

幾年前一個陰天下午，前去探望這棟美麗的建築，聽說，這房子即將因為都市更新計畫被拆除，因此前去的路上，心情有點沉重，轉進巷內，看到屋子一隅從樹叢探頭出來，剎那間，就難過起來了。

陳茂通宅邸，或稱紅葉園、三板橋會館聚朋園、山海樓。過去的三橋町二丁目，現在的中山北路十一巷十六號。從一九三三年落成，到二〇一七年面臨拆除，歲月裡的前世今生都很動人，如果建築物有感知，不知道現在是什麼心情？

落成那時，從巷子望向敕使街道，應該可以看到當時的美國領事館，也就是現在的台北光點電影院。敕使街道是日本時代往台灣神社朝拜的必經之路，台灣歌謠之中，由周添旺作詞、鄧雨賢譜曲的〈月夜愁〉，歌詞中提到的「三線路」，指的就是這條路，也就是現在的中山北路。而〈月夜愁〉發表的年頭，恰好就是這棟樓落成的一九三三年。

從巷子望向另一頭，是日本時代的三板橋日人墓地，裡頭有一座專門處理日本人喪葬的葬儀堂，曾任台灣總督的明石元二郎，以及乃木希典將軍的母親，都葬在那裡。

根據維基百科記載，昭和七年（一九三二），當時擔任本町日進商會負責人的小林惣次郎，將位於三橋町二丁目的兩筆土地，陸續出售給大稻埕「乾元藥行」經營者陳茂通。翌年陳茂通在該地興建獨棟的西洋建築，將該建築與其附屬的庭園命名為「紅葉園」，落成之後，在《台灣日日新報》刊登廣告邀請眾人參加慶祝宴會，與陳茂通有合作關係的商界名人辜顯榮經常登門拜訪。

該建築在日後賣給汐止仕紳嚴丙丁，一九七三年再轉售給正大尼龍工業，曾經做辦公室使用，也租給業者開設江浙菜餐廳「三板橋會館聚朋園」，二〇一四年由永豐餘生技承租開設「山海樓」，二〇一七年八月因為地主即將進行都市更新而歇業。九月由文史工作者提報文化資產審議，十月遭到台北市文化資產審議委員會以不記名方式投票否決，該建築面臨拆除的命運。

聽說這棟建築物未獲審議保留時，活躍於日本文化資產界，在此之前曾經七度訪台的建築師渡邊義孝特別從日本趕來台灣，渡邊先生所領導的民間公益組織「NPO法人・尾道空屋再生Project」主要是協助政府主動發掘古蹟，登錄修復，活化利用，創造價值。十年來，在廣島東部地方尾道市陸續完成一百二十棟以上空屋活化的實質績效，可謂日本業界第一。

不久之前，才在Taisuki Café網站看過渡邊先生以文字和手繪素描，記錄了台灣至今猶然存在的日式建築，這次看他觀察陳茂通宅，也就是後來的山海樓，各類工法與建材和時代背景的描述文字，好像時空瞬間翻轉，回到一九三三年落成當時的風華。呼應時代的建築，加上建築經歷的人情過往，確實有穿越時空的能力與魅力。

我站在建築物門前，華燈初上的傍晚，彷彿看到屋內燈火亮起，往右望去，是走在三線路、哼唱著台灣歌謠〈月夜愁〉的戀愛男女；往左望去，是三板橋的暮色，一九三三年，昭和八年的街景。

母親是一九三七年出生於台北的昭和世代，戶籍所在研判是下奎府町與大龍峒町的交接處，入學圓山公學校不久，就因為戰爭疏開到桃園蘆竹海湖村，戰後因為外公的弟弟是國民政府接收大員之中的台籍人士，根據母親的表哥，也就是白色恐怖受難者顏世鴻醫師在其自傳《青島東路三號》的文字記載，母親的三叔最早搭機抵台，與黃朝琴和另一名外省人，共住在台大醫院南側的「台北州知事官邸」，有一名日本女性傭人。以後有薪水了，各住各的，搬到中山北路，也就是大正町的五條通（接收日人住宅）。母親回憶終戰之後，經常到五條通的三叔家裡幫忙，政商界的客人很多，「黑頭車進進出出」。母親幼年喪父，後來被三叔收養，前陣子我從戶政事務所調閱了母親在台灣日本時代的戶籍資料，發現她童年記憶裡的五條通三叔家，正確來說，好像比較靠近三橋町，似乎在陳茂通宅邸的附近。

站在陳茂通「紅葉園」，也就是後來的「山海樓」巷口，突然想起兩度造訪的「北海道開拓村」與位在東京中央線武藏小金井的「江戶東京建築園」。

北海道開拓村設立於一九八三年，位於札幌「野幌森林公園」內的一座野外博物館，由財團法人北海道歷史文化財團負責管理營運。為了紀念開拓北海道一百年，將開拓過程中，與生活、產業、經濟、文化相關，共五十二棟歷史建築，移設到此地，進行重建、復原與保存。許多建於明治、大正、昭和年間，包括政府廳舍、民家、郵局、新聞社、警察署、學校、理髮店、商會、旅館、醫院、寫真館、學校宿舍、武道場、鐵工廠、書店，其中還包括被指定為國家重要文化財的「開拓使工業局廳舍」。我兩度造訪此地，都在小樽新聞社的建築裡面，在導覽志工的協助之下，體驗操作新聞社內的老式印刷機。入園門票日幣八百圓，與隔壁北海道博物館的共通票券也只要日幣一千二百圓，學生與團體另有優惠。根據旅遊網站じゃらん的調查，參觀者的滿意度高達百分之八十七。

另外位於東京都小金井公園內的「江戶東京建築園」（江戶東京たてもの園 Edo-Tokyo Open Air Architectural Museum），是佔地七甲的野外博物館，其設置目的是把江戶，也就是現在的東京，面臨高度現代化或市街改正而消失得越來越快速的歷史建物，移居此地重建、保存並展示，另外在東京都墨田區另有分館。由東京都歷史文化財團Group負責營運管理，該Group是由公益財團法人東京都歷史文化財團、鹿島建物總合管理株式會社與Asahi啤酒株式會社組成的共同事業體。一九九三年為配合江戶東京博物館開幕，擴充原有的「武藏野鄉土館」規模，重現「高文化價值」但「現地保存困難」，從江戶時代到昭和初期，共三十棟建物移居此地復原保存，並開放展示。包括宮崎駿導演的動畫作品《神隱少女》裡的錢湯和下町商家原型，都是參考此地建築，而動畫裡的鍋爐爺爺放藥材的木頭抽屜，其實是復刻了園區裡的三省堂文具店。

園區裡的「東Zone」還原了醬油店、居酒屋、花店、化妝品店、傘店、乾物店、旅館和交番派出所的樣貌；「西Zone」則有寫真館和一走進去就很想要住下來的民宅建築。而「中央Zone」最吸引我的是「高橋是清邸」。高橋是清出身仙台，是幕末武士，也是明治、大正、昭和初期的官僚與政治家，曾擔任過內閣總理大臣與大藏大臣。如果看過NHK拍攝的《坂上之雲》，俳句詩人正岡子規與海軍大將秋山真之的英語老師，就是曾經與勝海舟的兒子一起海外留學的高橋是清。一九三六年發生二二六事件當時，高橋是清就在位於赤坂的自宅二樓，遭到叛變的陸軍將校朝胸口開了六槍斃命。宮部美幸的長篇小說《蒲生邸事件》那名重考生尾崎孝史的時空穿梭之旅，就是借位高橋是清的生平，回到二二六事件當時的高橋是清宅邸。

我造訪移居重建的高橋是清邸，是幾年前的三月天。擔任解說志工的一位女士，在我行經二樓木頭地板，發出嘎嘎聲響的同時，說這地方就是高橋是清被暗殺倒地的地方。那瞬間，彷彿聽到整棟建築倉皇的腳步聲，我也跟宮部美幸筆下的那名重考生一樣，經歷了穿梭時空的震撼。

只是三橋町這幢美麗幽雅且充滿故事的建築物最終還是沒有留下來，幾年之後再經過時，已經是一座建築中的高樓了。

從一九三三年落成，到二〇一七年面臨拆除，
歲月裡的前世今生都很動人，
如果建築物有感知，不知道現在是什麼心情？

記憶的士林
——我知道的郭琇琮醫師

重新走回大東路，嗅到騎樓的中藥氣味，來自一家藥燉排骨店，可惜這天還沒有天冷吃補的慾望，倒是對街轉角有間看起來像柑仔店的店家，賣著豆花，很吸引人。

我初識的士林，應該是大學到淡水讀書時，在宿舍同學之間流傳的時髦聖地。當時搭乘還未拆除的北淡線火車，或是搭指南客運在小北街站牌下車，有時搭公路局在中山北路下車，印象中，有個陽明戲院附近的窄巷，兩家生意極好的冰果室，名為「你家」和「我家」，不知道有沒有記錯。

去買衣服，去吃青蛙下蛋，去買市場口的士林豆干，去夜市吃那種會冒煙還加了台式油麵的鐵板牛排，或是吃蚵仔煎。在沒有空調的市場一邊吃著熱食，一邊看著老鼠從腳邊溜過去，原本想尖叫，但是看到旁人的鎮定，剎那間就把尖叫慾望壓到喉嚨的中後段，學習如何視若無睹。最後返回淡水之前，要記得幫室友買大餅包小餅。

開始上班之後，偶爾會跟朋友約在士林吃石頭火鍋。有一陣子租屋在承德路那一側，捷運還在興建中，每天往返士林跟忠孝東路四段，往往耗掉一個半小時或更久。有時候搭同事便車，只能順路載到中正路光華戲院，我穿著高跟鞋，夏日耐著絲襪悶熱，冬天忍著濕冷天候，可能是穿過充滿誘惑的夜市一級戰區，稍微療癒了一日職場怨氣，最常帶回家當晚餐的，是陽明戲院旁邊的水煎包。

記憶裡的士林模樣，大抵都不存在了。這幾年比較喜歡的區域，反而是靠近士林捷運站的華榮市場，市場很好逛，也買得到有趣的家用品。附近的教堂旁邊有一整排提供挽臉服務的大洋傘，倘若接近黃昏，市場口的油炸蔥油餅非常好吃。

二〇一九年十月二十日。天氣舒爽，散步的好日子。搭乘公車六二〇在士林捷運站下車之後，先去看了十字路口的咖啡店還在不在。那咖啡店樣子很有東京神保町的氣質，感覺是穿著西裝的老先生會去的地方，讀著文庫本，一杯咖啡可以坐一個下午的那種老舖。而我每次只是路過，站在店門口確認店內一切如常，僅此而已。

繞進華榮市場，轉了一圈，出乎意料地，遇到好幾組韓國人，他們逛起來似乎興致盎然，自拍棒都出動了。

沿著文林路，再轉往大東路，行經有百年歷史的士林國小，該校前身是創辦於一八九五年的芝山巖學堂，該學堂最初從日本內地招募六位教師，最年輕的是來自熊本、年僅十七歲的平井數馬。六位教師在一八九六年元旦前往台北城內參加總督府慶祝大會，返回學校的途中，遭到數百名抗日人士斬首，是台灣日治時期教育史上極為沉重的「芝山巖事件」。

通往慈諴宮方向，會先經過一個小圓環，大東路與小北街在此交會，日治時期的庄役所修復之後，作為士林公民會館之用，對面有一幢紅磚老屋，是一家私人診所，面街的建築立面十分美麗。

先去慈誠宮參拜。多年前一個華燈初上的黃昏，意外發現這個被夜市小攤燈火包圍的寺廟。只記得那時在廟口吃了一碗勾芡的羹湯料理，滋味極好，而今已經想不起當時用餐的地方在何處，倒是廟門兩邊的攤子陸續準備起來，現打果汁的、大腸麵線的，但沒什麼生意。天色還很亮，還不到夜市出場的時候，跟早市收攤之間又有著空窗期，這時候的廟口，出現那種如午睡假寐剛醒來的昏沉慵懶。

重新走回大東路，嗅到騎樓的中藥氣味，來自一家藥燉排骨店，可惜這天還沒有天冷吃補的慾望，倒是對街轉角有間看起來像柑仔店的店家，賣著豆花，很吸引人。叫一碗黑豆豆花，選了三樣料，坐在騎樓，用手機打開Google地圖，意外發現標注著「郭琇琮故居」，就在騎樓轉角的另一側。

內心一沉，立刻感覺記憶的重量。我知道郭琇琮醫師，白色恐怖期間，跟舅舅顏世鴻醫師同案被捕的台大外科醫生。舅舅去了火燒島，郭醫師則是去了馬場町。在舅舅早年書寫的回憶錄《上海上海》之中，有個〈叛匪列傳〉的篇章，這麼寫著：

「榮華富貴有時不值一粒子彈，生死有時候錢能幫忙，但如郭琇琮先生在他遺留的一本有關腦的書扉頁上，也寫著『最珍貴的聰慧，也不值一粒子彈』。」

郭琇琮出生於一九一八年，先祖曾經參與過殺害六氏先生的「芝山巖事件」，父親是彰化銀行板橋支局長，是士林新興望族。郭琇琮出身富裕之家，讀的不是一般台灣人就學的公學校，而是以日本學生居多，有貴族學校之稱的樺山小學校。一九三八年考取台灣總督府台北高等學校，畢業之後考上東京工業大學，因為父親拒絕提供學費，短短一個月，就返回台灣。一九四一年進入台北帝國大學醫學部就讀，跟來自北京大學的教授學習北京話，大量閱讀中國文學作品。太平洋戰爭爆發之後，在校內成立反日組織，一九四四年遭日本憲兵逮捕，判刑五年。一九四五年八月日本戰敗，郭琇琮出獄，繼續完成醫學院學業，畢業之後擔任台大醫院外科醫師和醫學院講師。戰後傳染病盛行，郭琇琮醫師受命擔任台北市衛生局防疫科長，建立防疫工作大隊，與妻子第一次約會，竟然是去大稻埕江山樓附近的藝旦間，替一名染上梅毒的十七歲少女施打砷凡納明六〇六。他是一位醫師，同時也是社會運動者。

郭琇琮在二二八事件當時，曾經擔任學生隊副總指揮，原本計畫聯合原住民、工人、農人，攻入台北南機場，卻以失敗作收，只能解散。之後經由北京大學教授引薦，加入地下黨組織，一九五〇年五月二日，與妻子在嘉義遭到逮捕。五月十三日，台大醫院召開院例會議時，第三內科主任許強醫師、眼科主任胡鑫麟醫師、耳鼻喉科蘇友鵬醫師、皮膚科胡寶珍醫師同時被捕。包括之前逮捕的郭琇琮醫師在內，造成台大醫學院的大震撼。

在監獄中，郭琇琮與妻子透過獄中的曬衣場傳遞字條，十一月二十七日晚上，郭琇琮將一張字條遞給妻子：「請交代爸爸媽媽將我的屍身用火燒了，將骨灰撒在這片我所熱愛的土地上，也許可以對人們種空心菜有些幫助呢！請勇敢地生活下去。」

十一月二十八日天色未明，包括郭琇琮與許強在內共十四人，被押往馬場町槍決的路上，眾人唱著〈國際歌〉，喊口號，導致囚車駕駛慌亂而出了車禍，激怒了國民黨政權，下令家屬不准收殮，示眾一天。

顏醫師在其著作《青島東路三號》如此寫著：

「示眾，這種封建時代的習俗，對現代人來說，除了脅嚇以外，找不出其他意義。人死了以後再加什麼形式上的懲罰，並無意義。示眾只是對活著的他人有點教訓的意思。馬場町那一帶，白天甚少人路過，菜市場還有一段距離。菜市場開市早，大致人數一多，可能聽到槍聲。」

二〇一八年十月五日，促進轉型正義委員會促轉三字第1075300110B號函文之（39）安潔字第 2204 號，有關郭琇琮共同意圖破壞國體，以非法之方法顛覆政府而著手實行之有罪判決暨其刑及沒收之宣告正式撤銷。

郭琇琮醫師故居所在的三層樓建築，依然在士林大東路五十四號保存完好。郭家從台灣的日治時期就是士林慈諴宮的主要贊助者。我站在郭醫師故居的騎樓，想像兒時的郭琇琮前往慈諴宮的路上，想像他穿上令人驕傲的台北高校制服，想像他與妻子在這裡開始的新婚生活……而命喪馬場町當時，正是他滿三十三歲的生日。

記憶裡的士林模樣，大抵都不存在了。
這幾年比較喜歡的區域，
反而是靠近士林捷運站的華榮市場，
市場很好逛，也買得到有趣的家用品。

卷二

有時日常，有時記憶

我的台南模式

像我這樣的台南人真的不敢在假日去觀光蛋黃區人擠人，我家甚至連蛋白區都不是，已經在蛋殼邊緣了。

「可以推薦台南住宿跟好吃的嗎？」明明是台南人，被這麼問的時候，卻不知如何回應。

問題的難度在於，像我這種因為讀書就業而到異地生活的台南人，每次返鄉都住在家裡，根本不知道被網紅讚爆的旅館或民宿在哪裡。何況長輩每次都會發揮那種既然回家如果不在家吃飯就要跟你拚命的親情攻勢，僅有少數幾次外食機會，至多就在步行可達的店家，吃那些從小到大吃慣的碗粿虱目魚粥當歸鴨麵線蚵仔煎，和一點都不起眼的湯麵乾麵外加一盤滷味。雖然不斷辯解多數台南人不吃牛肉湯，喝手搖飲料也不是全糖，但爭辯已經無力，感覺再戰下去就要被貼上台南人很難搞的標籤了，那就隨便吧！

像我這樣的台南人真的不敢在假日去觀光蛋黃區人擠人，我家甚至連蛋白區都不是，已經在蛋殼邊緣了。放假早起頂多穿拖鞋在附近晃一晃，午飯過後會午睡，而且睡得特別沉。等到觀光客都回去上班了，安靜的平日才會被台南人收進口袋裡。有些店老闆放假不做生意，鐵門拉下來，拉張椅子坐看人客走來走去也不會覺得少賺什麼。但無論如何還是要向那些服務觀光客的排隊名店致敬，畢竟這些店家努力讓台南這個地方變得既美味又有傳奇。為了哪家香腸熟肉或哪家鱔魚意麵最好吃而吵來吵去也還在鬥嘴的可愛程度而已，用自己選擇的方式與台南接近，完全可以理解。

假日不出門已經成為我回台南必須恪守的準則了，頂多去東菜市買水煮玉米順便帶一罐阿婆紅茶，夏天去吃市場附近的太陽城紅豆牛奶霜時，也因為時間還早，觀光客還沒湧入而多了從容悠閒。曾經因為想去見識一下市區到底擠成什麼程度而特意在假日出門，見到小卷米粉的排隊人潮，還是覺得大家真心喜歡台南喜歡到頂著烈日排隊也不放棄的精神真的很感人。但自己大概只會去國華街口買美勝珍蜜餞，如果遇到那附近的紅豆泥小車出現，那就立刻喚醒打瞌睡的老闆打包一份。回程雖是上坡路還是很用力踩腳踏車賣力往東，起碼要過了石像圓環才能鬆一口氣，頗有逃出城的緊張感。一邊踩著腳踏車，一邊忍不住笑出來。

等到觀光客都回去上班了，
安靜的平日才會被台南人收進口袋裡。

全家盛裝的遊樂日

照例是全家盛裝，出動單眼相機與腳架，母親會給女孩們穿上可愛的洋裝或吊帶裙，搭配玩具小提包，男孩們穿上裁縫做的西裝短褲，配上帥氣的針織上衣或襯衫。

父親是個新潮的人，年輕未婚時，學吉他，迷電影，看新劇，去相館拍沙龍照，玩單眼相機，聽黑膠唱片。結婚生子之後，假日必帶妻小盛裝出遊，自己穿西裝打領帶，妻子穿套裝高跟鞋加上前一晚去美容院做好的頭髮，男孩穿上皮鞋，女孩的襪子必然有蕾絲，好像赴宴一般，完全不走休閒路線。

後來翻閱老照片，不免會心一笑，那根本是全家參與的Cosplay遊戲，當時還未有臉書打卡，靠的是老派相機底片的功夫，也才有辦法留下甜蜜的遊樂軌跡。

最常去台南公園，光是看噴水池就覺得興奮，蹺蹺板和盪鞦韆好像從來玩不膩。可以租躺椅跟塑膠布，躺在草坪，仰望天空，就能盡興大半天。有時拿鏟子去挖沙，拿水桶去水池舀水，想像水泥攪拌，很快就蓋出一間房。有時候大人派發圖畫紙，最初用蠟筆，後來進階到水彩，小孩寫生風景，大人坐在躺椅看報紙，風和日麗的關係，也就把報紙蓋在臉上，打盹。

當時家裡還未購車，大概是從東門城外搭乘公車或沿著東門路轉博愛路步行到台南火車站，必定要在車站前方的圓環照相，當時圓環中央只有鄭成功雕像，蘇南成市長時期的橄欖球員雕像還沒出現。車站對面的台南大飯店是非常時髦的地景，另一側的日本時代勸業銀行建築更為典雅，戰後被政府接收成為《中華日報》，後來拆掉蓋了醜陋的住商混合大樓，這種事情一旦重提就很悵然。

台南公園的小孩野放活動結束之後，若不是在公園側邊的鐵皮搭建麵攤吃外省麵搭配撒滿蔥花的豪邁滷菜，就是走到台南火車站二樓的鐵路餐廳吃外省合菜。鐵路餐廳的服務生穿著白色制服，我的辣味啟蒙應該就是那裡的宮保雞丁了。

另有一處兒童樂園，位於城外更遠的地方，園內許多遊樂設施，還有一家酒店，可用餐，有歌舞表演和魔術特技。不曉得是「天仁」還是「元寶」哪個名稱在先，總之有16路公車直達，我家所在的衛國街和兒童樂園恰好是起站與終點。

照例是全家盛裝，出動單眼相機與腳架，母親會給女孩們穿上可愛的洋裝或吊帶裙，搭配玩具小提包，男孩們穿上裁縫做的西裝短褲，配上帥氣的針織上衣或襯衫，這裝扮在平日絕不可能，平日只能穿著內衣內褲在小巷弄玩官兵抓強盜，不必費心打扮。

有一陣子常去秋茂園。最早的秋茂園位在台南與仁德交接處，園主黃秋茂的故事大概是當時台南小孩耳熟能詳的傳奇。黃先生靠母親一人扶養，很小就幫人看管牛隻，因為偷採水果被斥責，等到長大功成名就，開闢秋茂園種植大量果樹，讓遊客自由採摘。秋茂園有兩處大型雕像作品，一是牧童坐在牛隻上，一是穿著白色禮服的母親張開雙手擁抱孩子，母親雕像比例很奇特，應該是故事太感人，大家也就不計較了。

在秋茂園的綠色草坪拍攝全家福，好像是我這個世代的台南小孩共同記憶。小學一年級遠足從東門城邊的校園步行到城外的秋茂園，當時竟有如此厲害的腳力，老師如何照顧一群頑皮如毛毛蟲不斷蠕動暴走的小一學生，真是不可思議。那時出了城外也沒有大馬路，林森路的前身有一處養雞場，縣市交界的地方還有大陡坡。一個年級共十六班，每班學生超過六十人，如此浩浩蕩蕩的千人隊伍前去秋茂園遠足，吃完點心零食再開拔回來，光是想像都覺得壯觀極了。

也有假日的非踏青行程，搭7路公車到中正路，或是搭17路、19路公車到西門路下車。這一帶昔稱「末廣町」，西門路這頭的銀樓很多，友愛街是舶來品店集中區，也號稱電影街，光是戲院就有南都、南台和統一，鑽入巷內則有今日戲院，我們全家曾經在南都戲院看過洋片《月宮寶盒》，寶盒巨人飛過一整片銀幕的畫面至今猶然記得。中正路有王冠百貨和對街的千大百貨，我們家四個小孩光是在遊樂場樓層，手裡拿一根裹粉油炸的熱狗，跑來跑去玩哈哈鏡，就能打發半小時。有時也去運河邊的合作大樓，大樓有「王子」與「王后」兩家電影院，還有台南歌廳與撞球間。

晚餐如果不是在「沙卡里巴」吃雞肉飯配四神湯，就是叫幾盤鱔魚意麵搭活魷魚和鼎邊銼。有時去「羊城」吃油雞，或去中正路另一側的「小小大東園」吃合菜。飯後去總趕宮旁邊的「雙全」喝紅茶，或去永福路口的「台南書局」買故事書，長大一點就知道附近有間「展昌行」賣時髦文具。

全家在假日盛裝出遊彷彿祭典一般的活動，大概在孩子們陸續升上國中，開始被聯考與補習折磨，再加上青春期的彆扭使然，逐漸發展成父母結伴去爬山或出國觀光，小孩各自跟朋友騎腳踏車去城內或成大周邊鬼混的模式。也還好童年那段時間，父親的相機留下不少照片，其中當然也有不曉得是母親還是哪個小鬼自告奮勇掌鏡，對焦不準，或削掉某人半邊臉，或取景構圖不如預期，總也是拍照當時一團和樂，相片沖洗出來抱怨不斷的情況發生。或許是因為那些不盡完美，主角配角偶有詼諧偶有醜態的寫真，才意外保存了台南的舊樣貌。

天仁兒童樂園或稱為元寶樂園的地方已經不在了，秋茂園後來遷往安平海邊，還另外去了苗栗通霄，舊址的確切位置已經無法辨識。運河邊的合作大樓已經拆除，南都戲院剷平之後等著都更，火車站二樓的鐵道飯店荒廢許久，終於有機會修復，我想念那裡的宮保雞丁。

失去的，消失的，還好留存成繽紛多彩還帶有詼諧的寫真照片，也就不會忘記了。

或許是因為那些不盡完美，
主角配角偶有詼諧偶有醜態的寫真，
才意外保存了台南的舊樣貌。

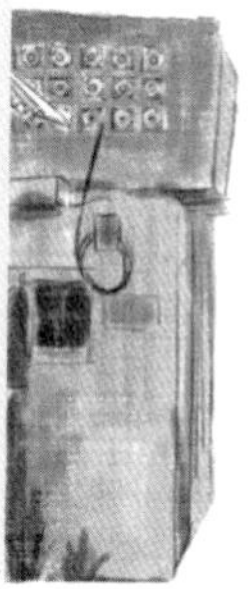

那就再見了，台南後站

後站周邊風景跟隨站體開發之後呈現的面貌應該大不相同，然後我想起後站前方那排幾乎是埋在一起的機車腳踏車，不知道會安置到哪裡？

那地方總是呈現不合時宜的時差風霜，猶如每個台鐵車站一樣，如出一轍的設計，隱約還能嗅到空氣裡的鐵鏽味。即使是鐵道運量排名很前面的大站，但要說後站的配置可能還不及一些普通慢車才會停的小站。比起前站建物有古蹟的歷史地位，後站像快速搭建的小棚，說小棚當然是開玩笑，畢竟那裡就只是路過的地方，是個離開和歸來的出入口，我對台南後站就是那種感覺。

新的臨時後站來了，舊的後站就只好珍重再見，只是結束的消息來得突然，像我這樣的異鄉遊子都來不及去憑弔。近十數年的南北往返大多倚賴高鐵，但離鄉讀書工作的早先那些年，都是在前站後站南下北上月台之間，扛著沒有滾輪的手提行李，吃力地上下階梯，看著地下通道大鏡子裡的自己，帶著異鄉風霜和一身對現狀忿忿不平的尖刺返家，吃飽一肚子台南食物之後再離去。離鄉返鄉，無數次相見再見，我是台南東區出生長大的小孩，後站往來的次數比前站還要多。

後站的售票機能很陽春，那幾年我常常買了預售的自強號來回票，父親開車或哥哥弟弟騎摩托車，趕在發車前幾分鐘，百米衝刺一樣，衝進地下道，再衝出北上月台，好幾次站在月台看著遠東百貨建築，還有那棟蓋了好久也停工好久的旅館，感覺這樣南來北往的自己好像活存在異次元的怪物。想到列車一路往北抵達的那個城市，或許陰天或許下雨，那瞬間就算亂抓幾把台南的陽光都不覺得是什麼愚蠢的行為，尤其是回到多雨的台北冬天，感覺更是強烈，那幾日返鄉囤積的乾爽，根本無法撐到台北站。

有時候是當天往返的短程交通移動，就把腳踏車停在後站對面成大那頭的人行道上。但往往不是停，而是想盡辦法把腳踏車「埋」進去，回程再來牽車時，已經無法辨識自己的腳踏車到底埋在哪裡。原本以為到了深夜，那人行道大概僅存幾部機車腳踏車，應該很容易找到自己的腳踏車才對。但其實不然，好多車子還是歪歪斜斜勾肩搭背或即使不認識也互相扶持，免得拉出一部車子就倒了一整排，我甚至懷疑那當中到底有多少車子的主人已經忘了來把車牽走，在對街目睹這一切的台南後站，內心不知藏了多少悲歡離合的祕密。

如果沒有家人接送或自己靠腳踏車接駁，走到前站等公車是一個方法，但只要行李不重，就會從後站出來，直走大學路，再右轉長榮路，到了東寧路口，就去明新買麵包，或是走到對街去買炸螃蟹腳或東洲黑糖奶茶，之後就走入螃蟹腳攤子那條巷子。經過東寧教會，想起很凶的國中數學老師就住在那後面，也住在同一條巷子的小學同學名字到現在還記得，她的鋼琴彈得很好，不像我在小奏鳴曲那本琴譜卡關許久，最後甚至放棄。那條巷子彎彎曲曲，沿著長榮中學圍牆再往前就是林森路，再過街穿過崇誨市場，如果是傍晚，就帶一份臭豆腐跟豬血湯回家當晚餐。路程其實有點遠，但慢慢走也不會太費力。早先台南公車班次稀少，走路好過等車，現在不一樣了，有手機App可查班次到站時間，只是舊台南後站也拆了。

新的台南後站與天橋看起來好新穎，台南火車站硬體設備停滯的時間拉得很長，長到許多人覺得就那樣舊舊的也就算了。一方面念舊一方面又覺得進步得不夠快，原本就很矛盾，但又認為矛盾可以忍受，一忍就好幾個十年。不過看到前站慢慢將二樓的鐵道旅館復刻回來，隱約還是開心。只是鐵道地下化之後，月台遁入地底，抵達或離開時，就看不到月台的陽光了。以前抬頭看到的那棟旅館已經完工且營運好多年，後站周邊風景跟隨站體開發之後呈現的面貌應該大不相同，然後我想起後站前方那排幾乎是埋在一起的機車腳踏車，不知道會安置到哪裡？

看到臉書出現台南後站拉下鐵門的照片，才察覺自己從來沒有在那裡拍過照，往往因為趕車而衝進去，因為到站之後扛著行李爬上爬下而氣喘吁吁，我甚至想不起來後站內部到底長什麼樣子？磨石子地板嗎？有冷氣嗎？有褪色的塑膠座椅嗎？雖然說了再見，但怎麼都想不起它的模樣。

就像一個小盒子，走進小盒子，穿入地底，去到月台，搭車去到遠方。長成風霜世故的異鄉人之後，再搭車回到月台，爬出地底，走出小盒子，然後，回家。

在台北吃著台南小吃時的淡淡憂傷

也不曉得是不是虱目魚到了台北就有鄉愁，普遍表現都不出色，我曾經在一家生意頗好、號稱虱目魚專家的小店，點了虱目魚肚湯，發現魚湯表面漂浮著青蔥時，立刻就為難了起來。

在台北街邊看到標榜著正宗台南小吃的招牌時，大致會產生兩種反應，一種是走進去吃吃看，一種是在內心OS：「一定是雷。」但很多時候是摻雜了上述兩種反應，走進去吃吃看之後，然後印證了果然是雷。

也有少數吃到讓我這台南舌頭讚嘆不已、適時撫平了鄉愁的好滋味，或多或少有近似那種人在異鄉，不如就嘗試一下的實驗精神。總之，摻雜各種複雜心情去品嘗這些在台北看起來似乎生意還不錯的台南小吃，會提醒自己不要過於挑剔，太過挑剔往往成為外地人討厭台南人的理由，雖然台南人因為這樣被消遣揶揄好像也不太在意，譬如，被說吃得很甜的時候，頂多從齒縫呼出少許空氣，冷笑一點五秒，內心知道真正的台南甜才不是加糖那麼簡單而已，但是解釋起來很花力氣，也就算了。

在靠近捷運站的繁華區，或傳統菜市場或夜市周邊，甚或廟口，或只是尋常的街口巷弄，只要看見類似「台南虱目魚湯」這樣的招牌，走進去挑戰一下的鬥志就會上身。也不曉得是不是虱目魚到了台北就有鄉愁，普遍表現都不出色，我曾經在一家生意頗好、號稱虱目魚專家的小店，點了虱目魚肚湯，發現魚湯表面漂浮著青蔥時，立刻就為難了起來，跟那片虱目魚肚面面相覷，突然覺得感傷。放青蔥也不是不行，但是薑絲更好，湯要清清澈澈的，吃的是魚骨熬煮出來的清甜，而不是舀了一匙肉燥，肉燥再怎麼出色，出現在虱目魚肚湯裡，很像是跑錯棚。

也曾經看過招牌寫著「台南筒仔米糕」就走進去，想起童年吃過的筒仔米糕都是裝在類似小花盆那樣的深咖啡色陶瓷或不鏽鋼米糕筒裡炊煮，沒想到位子坐定，看見老闆從金屬方形蒸籠挾出來的米糕卻是耐熱塑膠容器，當場就心冷了。

天氣變涼之後，會特別想吃當歸鴨麵線，傳統老派的老闆總會問客人，要鴨腿的還是一般的？在台北很少看到當歸鴨麵線，就好像台南也比較少吃到大腸蚵仔麵線，早年雖吃過蚵仔麵線，卻是清湯白麵線，不像台北是羹的紅麵線。總之要比大腸或蚵仔麵線，台北壓倒性獲勝，如果要比當歸鴨麵線，台南則是完全制霸。

幾年前聽他鄉朋友提及，台南人吃肉粽要加甜辣醬，我說沒這回事吧，頂多吃菜粽的時候要淋醬油膏加花生粉與芫荽，而且菜粽裡面沒有包菜而是包大粒花生。不知為何，面對這種爭辯時，總是先在內心暴走過一輪，想辦法把怒氣濾掉之後，盡量和顏悅色來解釋，但事後回想起來，還是一肚子氣。

前幾天，在百貨公司地下小吃街又踩了一次雷。那個攤位品牌在各大百貨公司賣場幾乎都有駐點，我原本的想法是，如果東西不夠好吃，生意營收不夠亮眼，昂貴的攤位權利金應該是撐不下來，何況還是地下美食街的基本盤，應該不至於太差。

站在收銀機前方，看著各種套餐組合，加上店員的眼神催促，同時感受到排在後方等著點餐的其他客人散發出來的焦躁敵意，容不下過於猶豫的選擇困難症，我很快採取刪去法，卻避免不了陷入台南美食的迷思，於是點了擔仔麵與蚵仔煎和燙青菜的組合，結帳之後，看到店員快速端上托盤的擔仔麵，我就後悔了。擔仔麵吃巧不吃飽的原則徹底被粉碎了，好大一碗啊，勉強要定義，應該比較接近「肉燥湯麵」。

另一個謎團則是擔仔麵冒出一顆白色丸子跟一顆滷蛋，那白色丸子的口感既不像魚丸也不是貢丸，我猜想店家會不會是想要模仿台南的滷丸。滷丸確實不是魚丸也不是貢丸，比較接近於圓球狀的黑輪或甜不辣，但是在台南吃滷丸時，往往是單顆滷丸放在小醬油碟，淋上少許滷汁，是有點費工的擺盤。有時候我在台南吃米粉湯或米糕或碗粿時，會加點一顆滷丸，讀國中那三年，最常在福利社吃的零食就是用竹籤串起來的滷丸，我看到台北鬧區百貨公司美食街的擔仔麵出現的丸子時，瞬間想起的就是滷丸。但口感與色澤完全不同，或許店家也無滷丸的用意，純粹就是在擔仔麵裡讓那顆身世成謎的白色丸子在湯的表面載浮載沉而已。

另一個謎，則是同樣在擔仔麵碗內載浮載沉的滷蛋。傳統擔仔麵的滷蛋，是在肉燥鍋裡滷到黑金透亮，才有資格出來見客，滷到入味，滷到蛋白蛋黃都滲入肉燥醬色，咬起來相當有韌性，滋味夠好夠香才對。但這顆出現在擔仔麵套餐裡的滷蛋，從外觀色澤判斷，應該比較接近白煮蛋，有可能是水煮之後，稍稍浸泡了一下有顏色的醬料，接近很淺很淺的膚色，而且是臉色蒼白的那種膚色，咬下去之後，完全沒有任何味道，應該是試圖偽裝成滷蛋，卻立刻被識破的白煮蛋。

至於台南擔仔麵的精神領袖，也就是帶著尾殼的蝦，從頭到尾都沒出現。湯頭雖有擔仔麵該有的蒜味，但肉燥的甜味過於刻意，少了「甘」的表現。

而那盤蚵仔煎，可能是反映百貨公司美食街租金成本的關係，不論是蚵仔的數量還是蚵仔的鮮度口感都很「低調」，低調到我跟蚵仔對面不相識的程度。蚵仔煎的「煎」，尤其應該表現在麵糊的焦香與Q彈，也有可能是因為要符合快速上餐的要求，麵糊呈現癱軟狀態，加上醬汁也走「低調」路線，有種一邊吃著蚵仔煎，一邊Murmur「請問您哪位」的生疏感。至於躲在蚵仔煎裡面的小白菜，因為過於生冷，嚼起來有生菜的錯覺。

不能說不好吃，但也不到好吃的程度，可以在競爭激烈的台北都會區百貨賣場小吃街生存下來，一定有其道理。或者是經過口味與分量修正來適應此地的消費習慣，在人潮與租金成本之間博取獲利空間，就好像公路休息站的炒米粉，也不會是好吃的炒米粉，頂多是肉燥拌米粉，但是在競爭激烈的環境裡面可以存活下來，都很厲害。

最近我看到在台北工作生活的彰化朋友對於台北的彰化肉圓也有類似的反應時，慢慢覺得釋懷了。會不會各地美食到了台北之後，為了生存下去，不得不活出另一種戰鬥模式？所以也不能過於苛責。

只是在台北吃著台南小吃或台南風味的各種料理時，基於台南口味的養成，會有淡淡的憂傷而已，沒別的意思。

台南北門路是青春的航道

關於長大的定義，就是被大人允許騎腳踏車約同學去博愛路逛書局，買書籤買聖誕節卡片，然後以冰鎮楊桃湯收尾。

二〇一七與二〇一八年，日本雜誌《BRUTUS》兩度以台南國華街同一個視角的白天和夜景作為封面之後，與《BRUTUS》同屬「MAGAZINE HOUSE」集團旗下的男性時尚雜誌《POPEYE》二〇二〇年四月號，再度以台南街景為封面，這回的圖像辨識雖然有點難度，不過曾經在這條路上「打混」過的台南小孩，一眼就認出來了，不管是古早以前叫做博愛路，還是更名之後的北門路，眾人幾乎是異口同聲大叫，「這裡是我的青春啊！」

從東門圓環到台南車站的這段北門路，清代的舊街名有「二老口」「府東口」「崙仔口」，或稱為「辜婦媽」，日治時代於一九一六年（大正五年）町名改正為「壽町」。北邊銜接北門町，曾經有座拱辰門，也就是台灣府城大北門，約莫在現今北門路與小東路口，興建於一七三六年的這座城門在日治時期遭到拆除。壽町這個區域，有台南盲啞學校，也就是現在的啟聰學校。現今四維街地下道的上方，則是興建於日治時期的壽陸橋。終戰之後，這條路改名為博愛路，之後再根據北門所在的地緣關係，更名為北門路一段。也因為博愛路與北門路一段這個前世今生的路名，形成不同世代的分隔線，然而不管是博愛路還是北門路，對台南小孩來說，都是青春的冒險航道。

博愛路時期，這條路是足以媲美台北重慶南路的書街，從東門圓環那頭，延伸到台南車站這頭，大、中、小型書店幾乎是店店相連，也是全台灣升學參考書的出版重鎮，販售二手書的中古書店也不少。其中，南一書局更是許多外縣市學子嚮往的聖地，詹宏志先生就曾經在他的著作《綠光往事》寫道，在他十七、八歲的那個時期，南一書局是全台灣最好的書店，他曾經跟高中校刊社的編輯同好們，搭乘半夜的平快列車，清晨抵達台南，沿著博愛路走到南一書局門口等待書店開門。他形容自己好像是闖入花果山的猴子，每本書都被他拿下來摩挲一番，聞聞紙張的香氣，讀讀它的目錄，試試它的觸感，書店滿滿是人，在那個「前誠品時代」簡直是前所未見的景觀。

我所經歷的博愛路歲月，是童年在那裡認識了東方出版社的童書，中學開始買參考書跟小說，各家書店的門面大概都是賣書籤的專區，書籤是朋友之間交換的信物。若要買文具就去信用文具店，最初只是在圓環邊的小店面，後來蓋了大樓，旁邊有玫瑰唱片。

關於長大的定義，就是被大人允許騎腳踏車約同學去博愛路逛書局，買書籤買聖誕節卡片，然後以冰鎮楊桃湯收尾。中學的鋼琴老師就住在青年路鐵支路旁，上完鋼琴課，老師會帶我去吃豬肉餡餅配冰紅茶。只記得鋼琴老師租屋的地方在一間摩托車行的後面，火車經過的時候，連鋼琴的聲音都聽不清楚，大概就是《POPEYE》封面那排街屋的其中一間吧！

那個時代的大學聯考被稱為窄門，被擠到門外的高四生就在這條路上流浪，路的一邊是南開補習班，一邊是建功補習班，火車站的圓環邊還有另一家南海補習班，後來竄起的則是民權路上的宏達補習班。現在不同了，南開南海跟宏達都不見了，後來的陳立與心遠景依然對街相望互搶學生。

壽町，博愛路，北門路。書街與3C賣場的排列，猶如前世和今生。書店風景漸漸被3C產業和穿插其中的體育用品店、漫畫店、手搖飲料店、加熱滷味、鬆餅和可麗餅，以及佔滿騎樓走道的時尚飾品小攤取代。信用文具店遷走了，唱片CD行也很難撐下去了，二手書店還有幾家，小時候覺得很寬敞的南一書局，現在看來只是很普通的書店，不變的是，火車經過的時候，樓地板依然會震動。要買文學類別的書，還是會去超越書局，可是比我小上好幾輪的台南小孩，他們各自對於北門路的記憶，已經變成去三三八八買東西，去老唐吃牛肉麵，去光南買便宜的小東西或是買周杰倫或陳綺貞的CD了。

到台北讀大學時，趕著去搭國光號或台鐵自強號之前，會在博愛路這一頭的公路局車站入口角落，吃肉粽四神湯碗粿之類的小吃，現在那個角落早就不是賣熱食的攤子，而公路局改組成為國光客運之後，早就讓出那個總站的空間了。

這條路還是一樣，街景混亂，街屋老舊，有些歲月斑駁的痕跡，也有時髦的金屬感。找一個機車停車位很難，可是靠近火車站那頭，也依然有著臨時機車位出租的老行業，門口一塊招牌寫著「寄車」。

書店也好，3C賣店也好，體育用品店也是，騎樓塞得滿滿的，做生意的店家跟逛街的行人，重複著爭奪路權的日常。這裡充滿青春的生猛，也有離家的惆悵，更有假日從台南周邊城鎮來到此地朝聖的新鮮好奇。亂得有點猖狂，卻在亂中找到互相容忍的平衡點。外地人看起來或許就是個不太光鮮的地方，可是遠道而來的日本男性時尚雜誌，卻在這裡找到台南人青春的真滋味，到底是誰帶路的啊，真令人好奇！

你總會想起十幾歲的時候，跟父母說了去買參考書、去買故事書、去補習，然後就掐了前後那十幾分鐘去看了什麼時髦的東西，喝了什麼不得了的飲料，或好不容易存了零用錢，去買了自己挑選的第一件T恤、第一個後背包、第一張卡帶CD，或發誓要寫一整年的上鎖日記本。

誰不是在那條路上，找尋自以為帥到不行的時髦寶物，站出一個閃閃發光的姿勢，不管叫做博愛路或北門路，那就是一條青春的航道啊！

這裡充滿青春的生猛，
也有離家的惆悵，
更有假日從台南周邊城鎮來到此地朝聖的新鮮好奇。
亂得有點猖狂，卻在亂中找到互相容忍的平衡點。

身爲台南人，我很抱歉

許多朋友來過台南好幾次，看他們在臉書或IG秀照片，我開始反省自己真是失格的台南人。

雖然在台南出生，也在台南住了幾十年，可是被外地朋友問到一些關於台南美食旅遊住宿的情報時，常常會覺得自己是個無用的台南人。

我家一直都住在東門城外，短暫搬到城門邊，也真的是短暫幾年而已。小時候會進城，大概都是到西門路找姨嬤，如果是小感冒或腸胃炎，就去大舞台保齡球館對面的日本房子找舅舅看病拿藥。偶爾全家去沙卡里巴吃雞肉飯配四神湯，或去中正路「小小大東園」吃桌菜，也去過台南火車站二樓鐵路餐廳吃過合菜。除夕之前匆匆去王冠百貨買新衣，過年回將軍鄉老家就順便去南鯤鯓拜拜。除此之外，好像都在東門城周邊晃來晃去，家裡幾乎三餐都開伙，小學走路回家吃中飯，中學六年帶便當，很少「吃外面」，最常吃的外食是「外省麵」外加一盤滷菜。

到了高中才有機會每天騎腳踏車進城，也才能在週六半天課之後，跟同學背著書包相約去南門路迦南吃鍋燒麵，再以紅豆牛奶冰收尾，也常去吃府前路與開山路口一家清蒸蝦仁肉丸。我開始跟台南小吃產生連結，大概是高中那三年，最喜歡當歸鴨麵線、蚵仔煎，還有鱔魚意麵。

離家讀書工作之後，就算假期返鄉，也很少出門，光是吃母親親手烹調的飯菜就能撫平異鄉過活的各種委屈了，何況還有水果甜湯，燒番麥蒸花生官田菱角等等。如果正餐之間嘴饞想要吃點什麼，頂多就在巷口街口或走路騎腳踏車方圓十分鐘路程之內覓食，吃久了就有感情，從老闆老闆娘年輕時候吃到他們兩鬢斑白，而自己也青春不再。「呷慣習」這種說詞，拿出來跟美食導覽那種拍胸脯保證的氣勢相比，原本就有差。

別人來台南衝刺美食，我是回家吃媽媽煮的菜，餐與餐之間，頂多在住家附近散步，至多就是騎腳踏車去成大繞一圈，帶幾個明新的麵包回來，或去看看博愛路的南一書局或信用文具店還在不在，直到博愛路變成北門路，而信用文具店也搬走了。

我家住的這一區，入夜之後不到九點鐘的街景，彷彿台北街道的凌晨三、四點。爸媽都是九點過後就進入睡眠狀態的人類，如果我還在家裡晃蕩那還真是孤獨。偏偏這個城市又很好睡，晚飯過後就愛睏，倒頭睡到翌日天亮根本是常態，午飯過後也一定要睡午覺，也因此有朋友問我，到台南做什麼事情最好？不就是散步跟午睡嘛！不過這建議通常不被採納。

被要求導覽台南的時候會瞬間腦袋一片空白，畢竟東區長大的孩子對安平一點都不熟，聽說在安平長大的孩子可能也對東區完全沒概念，總之就是類似三壘手跟右外野手的守備範圍差很遠也就是管區不同的意思。我對城內那些巷弄的記憶完全來自阿伯與姑丈在民權路開布行做生意的過往，還有四姑住在關帝港旁邊的二樓，我們曾經坐在客廳看過那年的奧運體操比賽，往後到那附近來來回回走了好幾次，記憶就會一路尾隨，恐怕也是導覽做不來的千絲萬縷。

常被問到，台南旅遊住哪裡好？這是難度最高的題目，畢竟回台南都住家裡，旅館飯店民宿全都不熟，後來認識了謝宅小五就全都推給他去安排。要不然問我老爸，他就說住台南大飯店，但是比台南大飯店還要大的飯店已經越來越多了。

許多朋友來過台南好幾次，看他們在臉書或ＩＧ秀照片，我開始反省自己真是失格的台南人。觀夕平台沒去過，四草大眾廟沒去過，漁光島沒去過，高跟鞋教堂沒去過，阿明豬心沒吃過，好多牛肉湯根本不知道在哪裡，好多老屋改建的酒館咖啡館完全沒去過。我還是那樣回到台南就睡很飽，窩在家裡吃家裡，頂多去附近的菜市場吃涼麵吃虱目魚粥，吃大灣煎粿，或是拎著提鍋去買外省麵或米粉湯。如果常吃的店變成排隊名店，也只是在網路上唉幾聲，或感嘆味道不如以往，但那也勉強只是精神勝利法，然後覺得往後就算吃不到也是人生必然的分分合合，再去跟其他店家萍水相逢應該也不錯。如果遇到假日，光是想到一些名店或鬧區或風景區擠滿人，就自動縮回來，真的很沒用。

過去曾經有好幾年，台南要說觀光或是小旅行根本沒個影子，安安靜靜的，沒變壞也沒更好，至少有許多人默默把城市的水準撐起來，被讚美為宜居城市的時候，會覺得不太好意思，但是轉過身立刻驕傲得很。雖然說是個適合散步與悠然過活的地方，可是騎樓通常被佔用做生意，再因為並排停車的關係，行人只好被迫走在快車道，關於這點，歷任市長都沒辦法改善，多少也是因為市民沒共識，唉，真的很抱歉。

若聽到有人讚美台南人親切熱情，也會想起習慣「結面腔」的鄉親也不少，但一開始結面腔不代表未來沒辦法長久交往，結面腔的另一層意思或許是害羞也有可能是不習慣熱情，關於這點，也很抱歉，畢竟我也很會結面腔。

台南變成島內文青旅行的顯學還兼具美食衝刺的聖地，台南人嘴裡抱怨，可是到了我這年紀反而覺得寬心，總是可以讓年輕人願意回來或願意留下來，可以生活還可以賺到錢，那就是這個城市讓人願意親近的理由，沒什麼不好。

可是身為無用台南人對於觀光導向的美食旅遊導覽還是過於消極，沒去過的古蹟還是沒去過，不知道的名店也覺得無所謂，總之回家就過著與昔日相同的日常，何況很睏的時候都睡得不錯。通常都是因為來訪的朋友指定要吃什麼或要去什麼地方，才開始研究路線，聽說棺材板很有名或小卷米粉很不錯，才特別去吃吃看，這樣想來，也真是抱歉。

雖然我是個對觀光事業沒有幫助的無用台南人，朋友們都是來台南體驗生活，我卻是回到台南就想當廢人，但還是感謝大家這麼喜歡台南，喜歡的理由，我們默默理解就好。

除了散步，也只有午睡了

——香港人問我，關於台南的這些與那些

那就……找一間有陽台的房間，或有一面落地窗，窗外恰好有棵樹，床舖是榻榻米，有蚊帳更棒，趁午餐吃飽，睡一下……

跟旅人不同的是，我只是回家，回台南，這麼簡單而已……

抵達的時候，會站在車站月台脫去外套；離開的時候，會抓一把台南的乾爽溫暖，放進口袋，藏好。

藏在口袋的乾爽溫暖倘若可以抵擋少許異鄉的潮濕酷寒，也就值得。那必然是鄉愁的一種力量。

我以為只有台南出生的小孩才會這樣，在往來月台上，進行著死心塌地的儀式。後來聽說那些三番兩次來到台南短暫一或兩天，穿著短褲拖鞋，找一間巷弄小旅館或看起來毫不起眼的某某接待所住下來，過單純在地日子的異地朋友，也不去衝刺美食，也不在意飯店早餐，只想在正午過後，躺在榻榻米床鋪，睡個午覺，像這種旅人，也會在月台做類似的事情。

聽朋友這麼說的時候，忍住不笑，但內心有著接近驕傲的得意，好像默默地，佔據或打敗了什麼。對，就是那種得意。

有一種說法，類似廣告Slogan，說台南有所謂的王城氣度。我自小在東門城附近讀書玩耍，跟隨母親過街買菜，感覺不到什麼氣度，如果真的有氣度，就不該拿出來誇口，埋在心裡才當真有那格局。

台南人體內也不曉得置入什麼性格晶片，多數討厭爭辯，對陌生人慢熟，可是一旦對話的氣味相投，就打算一輩子交往。心情不好的時候，頂多臭臉，如果真的合不來，那就不相往來，但還是會好好說再見，未來要是巧遇，就問，吃飽沒。

小街小巷弄，連對向會車都有點吃力，但是那宛如羊腸在地圖爬行的迂迴態勢，大抵都有幾百年庶民生活的軌跡。荷蘭或日本殖民的建築也好，明鄭時期的家廟寺院也都說得出一段好長的人生故事。宗教派別那更是熱鬧，教會與寺廟比鄰而居，譬如媽祖的海上傳說，或長老教會的傳教行醫美意，還有道教改運和阿婆收驚的習俗，這地方好像沒有迷信的說法，只有敬畏天地的虔誠。一切一切，如日常生活，要說刻意那也沒有絲毫勉強，歲月來去，就該保存下來。

也不是老派或守舊，只是覺得好的東西就留下來啊，畢竟都有記憶跟感情了，要接受新的事物也可以，但沒必要拿舊東西去犧牲。

那些祖屋老房是無論如何都沒得商量，特別是家族發跡之後蓋的第一棟起家厝，除非後代子孫自己動手拆，否則官方拿出什麼「都市更新」的理由，大概也會踢到鐵板，不只街坊鄰居來聲援，市民還說那小街小巷有什麼不好，幾百年都這樣生活下來了。

因此那些老房子，坐落在類似民權路那樣的老街，民權路有個舊名叫「本町」，路邊有個「大井頭」，大井頭旁邊是「全美戲院」，戲院廊下還有手繪電影看板師傅在那裡跟同業的電腦大圖輸出主流拚個你死我活。也不只導演李安，大概在台南城內讀過書的學子，都喜歡全美戲院的「兩片同映」「不清場」。

這地方好似跟衛星導航系統有仇，拿著地圖找路也很辛苦，光是一個圓環有七條路呈現放射狀彷彿水柱噴發，有一回帶著日本小說作家在那周邊散步，他看著七條路的交通示意圖，忍不住拿相機拍照。我嘴裡沒說，內心已經幻想，最好以此圓環為背景，寫個殺手大亂鬥的長篇吧！

若是離開市區，衛星導航就連人帶車去了魚塭或走入田與田之間的迷宮，市區移動以為仗著手裡有地圖也不穩當，最好是開口問路，台語國語英語日語，什麼都行。問路能問出這個城市的脾氣，原本坐在騎樓打盹的阿伯，一旦被問路，眼眸亮得跟跨年煙火一樣璀璨，「往前走啊，閃黃燈的不算，第二個紅綠燈右轉」……遠遠看著找路的人一開始就轉彎，那阿伯即刻返身騎了摩托車追過來，「不對不對……」索性就一路領到目的地。

像我這樣的本地人也奇怪，向來不記路名，如果提示哪間廟哪間茶行哪間包子店，腦內的地圖搜尋反而可以啟動。走大馬路雖然不易迷路，但穿梭小巷往往省掉一半距離時間，可是辨識小巷的功力沒有在台南住過一、二十年也沒那等本事。

一旦問路，也不只被問的人給意見，恰好路過的人也湊過來一併七嘴八舌，然後某某人說，剛好要去那附近，要不然，就一起走吧！

小小的，圍成一圈的問路小集會解散之前，總有人順口一問，什麼地方來的？來玩嗎？那就常來喔！

以前我看熟識的長輩對於問路者那樣費心，難免嘀咕，這樣好嗎？年歲漸大，自己也變成費心的人，一旦被問路，好像接下重大任務，城內綿密小巷如迷宮的路線圖，一躍成為牽掛的羅盤，忍不住就囉嗦起來，最後也學了長輩那一套，什麼地方來的？來玩嗎？那就常來喔！

不知不覺，就變成這樣的台南人了。

台南好像成為島內小旅行的顯學，看在我這種因為工作遷居異鄉的台南人眼中，若說習以為常好像過於淡定，有時候也不免焦慮，害怕某些屬於這個地方的安靜與脾氣，被打擾，或被誤解了。

然而避免不了的宿命就是頻頻被問起，哪裡好吃、哪裡好玩、非去不可、若不去就遺憾的種種……看著對方從網路覓來的美食店家，自己反而覺得生分，沒吃過沒去過的地方，多得像記憶地圖生疏的透明泡泡區塊，這樣說來也有些失格。我約莫只知道住家附近的小店，穿著夾腳拖鞋就能飽餐一頓的地方，最好是從老闆年輕時候吃到他頭髮花白，最好店內也沒刻意裝潢，牆壁還有油煙殘漬彷彿什麼草根藝術畫作，只要味道不變，有過去互相依偎的溫度，就好。

這城市沒有旅遊指南說得那麼有趣，短期美食衝刺只是像慢火燉補的湯，撈起表層薄薄那層油而已，但真正的滋味在鍋底啊，匆促的旅人沒時間等候，那就可惜了。

如我這樣，回到台南，就住家裡，也不曉得哪裡的民宿哪裡的旅館有什麼文青風格或設計品味。觀光客排隊名店大概都在城內，我住東門城外，若不是在家吃母親的手作料理，就只是去熟識的店，也不想寫到網路分享，怕以後想要悠閒吃點什麼還要排隊，那就哀怨了。

仍然有朋友問我，到台南有什麼非做不可的事？我自己在內心推敲了半天，吐不出什麼在地導遊的專業建議，只能低頭，腳尖踢著地面的小小沙塵，悠悠說著，那就……找一間有陽台的房間，或有一面落地窗，窗外恰好有棵樹，床鋪是榻榻米，有蚊帳更棒，趁午餐吃飽，睡一下……正午時分，涼風徐徐，窗外有樹葉磨蹭的沙沙聲響，有鄰近人家不曉得哪一戶聽著廣播節目若有似無的音量，還有蒼蠅或小蟲在角落咿咿拍翅的聲音……睡著了，或作了熟睡的夢。午睡醒來，重新Reset。我最常在台南做的事就是午睡。

朋友聽了，睜大眼睛，「妳在開玩笑吧！」

於是，他就真的找了一間巷內民宿，睡了午覺。往後只要有兩天或三天假期，他就來台南睡午覺，據說睡得好熟，還作夢。醒來就穿拖鞋去巷口喝冰紅茶或吃一盤番茄切片蘸薑汁糖醬油，然後就找間小廟坐下來，聽廟前下棋的阿伯聊天，傍晚再去吃碗麵，切一些豆干海帶滷蛋。我跟他說，台南的麵攤滷味給的蔥花要像煙花炸裂那樣鋪得滿滿的，老舖紅茶都是整桶冰鎮，沒有去冰或不去冰的選項，那是連鎖冷飲店才有的花招。

朋友說，沒錯沒錯，那麵攤滷味果然十足的蔥花霸氣，豆干海帶滷蛋都入味，沒有淋上醬油膏來脫罪的伎倆。我覺得朋友已經超越觀光客的層次，體內八成基因都被台南滲透了。

這地方也不是積極的個性，慢慢走，慢慢散步，別人要跑到前面，就任他們去，時間可以緩慢沉澱出兩倍的長度，那就是過日子最舒爽的節奏。我從台北往返台南的瞬間，體內就會出現自動調節的鈕，一按，時空的重量就改變了。在台北捷運通道的倉卒步伐，拉長成台南小巷的緩慢踱步，兩倍的人生，兩百倍的從容。

偶爾，就需要這樣伸縮或鬆緊的訓練，如同某一年，因為短期工作去了香港，一早就關在中環某棟高樓，如壓榨腦汁那般，擠出濃縮的成品，中午倉皇到對面潮州麵館吃碗麵，想像王家衛電影出現的那條往山腰的階梯會不會剛好遇到梁朝偉。入夜之後，搭地鐵回到北角的飯店，也是發現體內的鈕，往緩慢的節奏那頭滑行，我站在香港殯儀館對面等紅綠燈，會想起張國榮跟梅豔芳，於是轉身走入老舊巷內，在連鎖超市買了一包公仔麵，又回到同樣的街角等紅綠燈。

香港朋友說，電影《胭脂扣》裡面的石塘咀，早就不在了，我覺得內心裡的如花與十二少，也揮手走遠了。

也不是沒來由地想起那幾個在香港的夜晚，有一次回到台南，去了農曆七夕作十六歲的「七娘媽亭」，行經廟前有間老屋改建的「甘單咖啡」，沿著那小巷走，又見到另一間「寮國咖啡」。走著走著，走到「華都」小籠包後門，瞧見公會堂磚牆邊，有兩張高腳椅，忙裡偷閒的小籠包師傅，穿著白色制服，坐在高腳椅上，歇喘。

那短暫行走的一段台南城內街景，讓我想起上環的某個風景，香港朋友說，那裡有間好吃的菠蘿油，我還打探，會不會也有好吃的奶茶跟公仔麵。

僅僅是私人內心的微小感觸，會不會台南與香港，有著不被旅遊導覽察覺的相似度，不是時髦快速的部分，而是老舊的氣味，殖民的殘影，或是新舊之間的掙扎與固執。我認識的香港僅止於小小的切片，除了王家衛、除了許鞍華與關錦鵬之外，就是小時候看的畫冊《兒童樂園》與《姊妹》雜誌，還有報紙娛樂版面出現的邵氏與嘉禾。

我的香港朋友說，怎麼可能？香港很「快」啊！但我好愛香港那些緩慢的、捨不得流失的、看起來那麼優雅的「舊」，許鞍華的電影《桃姐》不就是那味道。

好吧，不用爭辯了，不如就來台南一趟！如同過在地生活，也不要什麼旅人的縝密計畫，只要在這裡散步、問路、午睡……醒來之後，出去走一走，不小心經過一處小巷，發現那風景好似北角或上環，那樣就好。

後記：這篇文章原是寫給香港《號外》雜誌，早於雨傘革命之前，希望給香港人一些台南旅行的靈感。而今讀來，許多悵然。

這地方也不是積極的個性，慢慢走，慢慢散步，
別人要跑到前面，就任他們去，
時間可以緩慢沉澱出兩倍的長度，
這就是過日子最舒爽的節奏。

太太們，洗頭嘍！

回到台南，就放心了，找一家巷弄內的家庭美髮，洗頭外加肩頸按摩，等同於進廠維修，洗過頭之後，覺得腦袋清楚了，不可思議的Reset。

看曹瑞原導演改編自白先勇小說作品的時代劇《一把青》，其中一幕，師娘秦芊儀和副隊娘小周吆喝著「小太太們，集合嘍」……喚出空軍眷村一群太太們，在戰機降落之前搭車前去迎接丈夫的場景。副隊娘小周的髮型大概是我有記憶以來，母親和鄰居那些太太們最時髦的青春模樣，那髮型自己吹整不出來，非要有些技巧，還要有些「道具」才行。

我在台南崇誨空軍眷村旁邊的六戶本省紡織廠平房宿舍出生，三歲左右才搬進青年路紡織廠區，那時大家的經濟狀況不算太好，女人們少有的時髦享受就是剪布找裁縫做衣服，再來就是做頭髮，關於美麗的啟蒙，大概都是跟母親到「洗頭毛店」學來了。

很抱歉，那時候才沒什麼髮廊還是美容院的說法，男孩跟父親去「剃頭毛店」，女孩跟母親去「洗頭毛店」，但我在幼稚園之前都是被父親帶去勝利路一家叫做「金龍」的剃頭毛店，在男人們洗頭修臉掏耳朵的大張椅子把手上，架一塊洗衣板，我被理髮小姐抱起來，坐在洗衣板上，剪那種貼耳打薄的阿哥哥頭。一整間剃頭店都是嗓門很大的叔叔伯伯阿公，十分尷尬，我老生悶氣，卻不敢反抗，其實很想跟母親去洗頭毛店，但沒人理我。

母親結婚之後就辭去工作，大抵清晨起床梳洗之後，先張羅家人早餐，出門買菜之前必然要化妝還要換上外出服，或洋裝或套裝，一手提菜籃，一手撐傘，也不是夾腳拖鞋這麼隨便，而是高跟鞋或造型典雅的低跟小涼鞋。上菜場買菜就好像專業上班族的例行採購一樣，門面要光鮮，母親說，外出打扮是給丈夫面子，但她的外出，除了買菜，就是去洗頭。

一直很堅持的就是每週一到兩次上「洗頭毛店」做頭髮，如果遇到喝喜酒的日子就要機動調整加碼。把頭髮吹得蓬鬆有型，像《一把青》那位副隊娘小周一樣，據說厲害的師傅吹整出來的髮型，睡過醒來都不會「崩塌」。那時候也沒有設計師的說法，我常聽母親掛在嘴邊的，大概就是阿珠、阿美或恰查某的綽號。一間小店，兩張椅子，一個沖水躺椅，一個像太空人頭罩那樣的吹風機器，母親洗過頭，上了綠色髮捲、罩一個黑色網子之後，會把那顆綠色捲捲頭塞進太空人頭罩裡，轟隆轟隆，高溫熱風吹一陣子，解開之後彷彿還冒著熱氣。就那樣頂著綠色髮捲，坐在椅子上，邊翻日本雜誌《貴夫人》或《電視週刊》，邊等老闆娘拆捲子，再用小吹風筒吹整，吹完再噴「髮麗香」之類的固定髮膠，摸起來很像金剛戰士的防護罩。

小學三年級前後，總算有機會跟母親去東安菜市場一間小店洗髮，狹長店面，其實是東安戲院底下一個小空間。一個師傅一個助手，助手負責洗頭，師傅負責剪髮燙髮吹髮，兩人都是二十幾歲的女生，師傅後來把店頂給助手，助手後來也練成剪髮燙髮吹髮高手，談戀愛的時候，男朋友像隻蜜蜂在店內飛來飛去。

後來我跟著母親轉移陣地到巷子口一家叫做「彩蘭」的家庭式美髮，店面頗寬敞，三姐妹經營，大姐二姐都是染紅髮燙大波浪法拉頭的時髦女子，專責洗頭，指腹超有力，肩頸按摩很到位，小妹很素樸，卻是其中功夫最好的設計師。我在高中畢業之前，都在那裡剪那種很蠢的耳下一公分學生頭，偶爾會拜託設計師偷剪劉海，上課的日子就用黑色髮夾別起來。慘澹的青春，小小的反抗，唉！

母親有過幾年到城內中正路與西門路口的曼都找紅牌設計師做頭髮，還順便修指甲、做臉，那是母親在家事操勞之餘，非常珍貴奢侈的午後，總覺得晚餐之前匆匆進門的母親，像去了一趟王子的城堡那樣開心。

連鎖大型髮廊逐漸竄起，大坪數大落地窗，設計師都很年輕，收費都不便宜，母親年紀大了，沒力氣進城做頭髮，說那種店是年輕人去的，不習慣，又回到住家附近的家庭美髮，每週一到兩次，持續的主婦日常。

小巷弄舊街道的家庭美髮其實是台南太太們的愛店，坪數小，幾張椅子，洗剪染燙，一人服務，假日生意好的時候，頂多找附近鄰居來幫忙洗頭。這些家庭美髮的老闆娘可都有大型連鎖髮廊歷練過的扎實功夫，結婚生子之後辭去工作，或有了固定客群就自己出來開店，租了店面兼作住家，瓦斯熱水器兼作洗髮還要供家人洗澡，店內有厚重的家居生活感，髮梳和捲子當中藏著小孩的塑膠玩具。也沒辦法開伙煮食，通常買了便當或麵食，趁空檔隨便扒幾口。小孩就窩在店內角落看故事書或寫功課或呼呼大睡，睡醒哭了，洗頭的客人幫忙抱幫忙哄，很有意思的人情。

多數家庭美髮都有熟客部隊，打電話預約洗頭的太太們很多，太太們家事操勞，唯一犒賞自己的就是洗頭那半個小時被伺候的幸福感，反正收費也不貴，有些小店在中午之前還有九十元特價優惠，一般收費在一百二十元到一百五十元之間，裝潢好一點或地段佳店租貴的，頂多兩百元，再貴就過分了。洗頭加上頭皮按摩還順便肩頸放鬆，熟客如果要求哪裡再加強一點也完全不是問題。這些家庭美髮老闆娘就靠一間小店把孩子養大，有些女人們的老公好像也找不到工作，就在店內幫忙遞毛巾收毛巾，順便顧小孩。

從台南住家畫出一個五百公尺直徑圓的區域內，竟然高達九家美髮店，其中有七家是兩張到四張椅子的家庭式美髮，一個人獨撐的居多，姐妹兩人共同經營的也有，反正太太們習慣一週洗一到兩次頭，幾個月就要剪髮燙髮染髮，生意差不到哪裡去。

家庭式男士理髮也有，理髮一百元，洗頭再加三十元，而且是傳統的那種趴在水槽，水龍頭塑膠管直接沖的男子漢對決。

在台北上髮廊洗頭總覺得奢侈，畢竟花費不低，有時耐不住洗頭妹或設計師慫恿，什麼深層洗髮、什麼頭皮養護、什麼精油紓壓，洗個頭而已，荷包被扒得精光，很心疼。

回到台南，就放心了，找一家巷弄內的家庭美髮，洗頭外加肩頸按摩，等同於進廠維修，洗過頭之後，覺得腦袋清楚了，不可思議的Reset。有外地朋友問到台南除了吃還能幹麼，我都推薦他們去洗個頭，光是按摩，就很值得。

母親已經八十幾歲了，年輕太太時期養成的習慣，每週一到兩次去美容院洗頭，堅持師傅吹整出來的頭髮才漂亮。其他的錢可以省，洗頭的錢絕對捨得花，那應該是太太們最划算的小奢侈吧！

很想知道《一把青》裡的副隊娘小周，一個禮拜去洗幾次頭呢？應該也要上滿頭綠色捲子，把腦袋塞進太空人面罩一樣的吹風機器裡，吹整之後，噴上髮麗香，按照我母親的說法，那髮型撐得可久呢！

林志玲的花嫁之路與王育德的青春地圖

往後有機會走一趟林志玲的花嫁之路，也可以來看看王育德終生思念卻無法歸鄉的台南舊城，這個城市除了美味料理之外，還有許多感人的故事，以及黏人的土地。

林志玲從府城舊城區的吳氏宗祠，以台南女兒的身分出閣，在霜花亭依照台南傳統結婚禮俗，邀請親人喝新娘茶，晚間則在日治時期的台南警察署，即現今的台南美術一館宴客。當天吸引上千市民圍觀，往後這條路線，大概就成為粉絲津津樂道的林志玲花嫁之路。

在這之前，我剛讀完王育德自傳，攤開地圖，發現這兩條路線，竟然如此接近。

王育德出生於一九二四年，父親王汝禎在台南本町草花街經營「金義興商行」，因為設立「愛護寮」收容遊民，對社會有所貢獻，因此受邀出席參加皇紀二六〇〇年典禮，在東京的皇宮內留下一張佩戴勛章的寫真。

王家是佔地兩百多坪、橫跨三個店面的兩層樓狹長型街屋，另外還買下隔壁佔地約莫六十坪的新厝樓。據說家裡成員都可分配到七到八坪大的房間，或位在不同樓，或隔著大廳走廊或天井各自獨立。據說從內地日本前來出差的製造商職員，對王家的建築充滿好奇，參觀之後，最終都是因為在屋內迷路而大聲開口求助。

王育德在自傳裡面寫道，「本町是當時台南的繁華街道之一，相當於東京的日本橋、京橋」。不過從昭和十年（一九三五）之後，本町被台南的銀座和西門町取代，那時的銀座泛指末廣町一帶，也就是現在的中正路林百貨周邊，西門町則是指現在的西門路，有戲院宮古座跟西市場，以及滿街的銀樓和寫真館，銀座和西門町十字交會的區域，是當時很時髦的鬧區。

王家在竹仔巷還有一棟純日式建築的別墅，竹仔巷是清朝地名，大概是位在台南車站通往州廳的大正橋正下方，附近有一座竹林，王育德自傳提到那裡是民間傳說「林投姐」出沒的地方。王育德的父親經常邀友人在此地玩四色牌，也會叫來藝妓助興。竹仔巷的別墅後來因為市區改正而拆除，王家之後在明治町的鴨母寮又蓋了新的別墅。

王育德滿五歲之後進入末廣公學校附屬幼稚園就讀，當時在台南市的幼稚園只有兩、三所，學校設在白金町一座類似廟宇的建築裡，上學步行大概只要五分鐘。畢業之後因為考不上南門小學校，只能進入末廣公學校就讀，末廣公學校創校初期借用孔廟海東書院作為校舍，之後遷到新校舍，也就是現在的進學國小，公學校時期的王育德恰好經歷了遷校過程，通學距離拉長不少。因為考不上南門小學校，無法跟童年喜歡的小女孩同校，王育德頭一次嘗到失戀的滋味。

當時台南有兩所日本人就讀的小學校，分別是位於大南門的「南門」小學校，以及位於台南市北邊的「花園」小學校。本島人就讀的公學校則有五所，分別是東南角的「師範附屬」公學校、西北角的「寶」公學校、市中心的「末廣」公學校、西邊的

「港」公學校，還有專收女學生的「明治」公學校。雖說小學校只限日本內地人就讀，可是上層階級的本島人通常會想盡辦法讓子女進入小學校，等同於拿到一張名門世家證書。

王育德在書中形容這一帶的街廓景色，「南門小學校位於舊台南府城的大南門底下，附近有台南神社與孔子廟兩大有名古蹟。從孔子廟朝車站向北而行，可以來到警察署、台南州廳、參議會堂、消防署等行政中心，過大南門往南行的話，則是桶盤淺的高級官舍街。」

末廣公學校規定，每個星期天，四年級以上學童分成四組，從家裡自帶掃把，打掃台南四大名勝：台南神社、開山神社（現在的延平郡王祠）、孔子廟、五妃廟，是讓市長非常感謝，學生與家長卻恨之入骨的活動。

公學校畢業之後，王育德在台北高校尋常科考試落榜，只能以第二志願進入州立台南第一中學校就讀，再以該校為跳板，目標在第四學年與第五學年修了時，有兩次機會再考入台北高校。當時的州立台南第一中學校多數是日本學生，而位在竹園町的第二中學校，多數是台灣本島學生，終戰之後，前者變成台南二中，後者反倒變成台南一中。

王育德小時候經常跟隨阿嬤去「大舞台」看歌仔戲，大家總是竊竊私語說：「金義興的頭家媽來了！」孩子們最高興的是可以一邊看戲一邊吃包子跟餃子，或是啃瓜子。「宮古座」則是台南市格調最高的戲院，蔣渭水創立的文化協會政治宣傳劇經常在此上演。另有「世界館」專門放映日本時代劇，「戎館」則是上演中國電影。

王育德從台北高校畢業之後，當了一陣子重考浪人，後來終於考上東京帝大，不到一年就因為戰爭返台，短暫到嘉義市役所工作，終戰之後，到台南一中教書，熱中戲劇，首部戲劇在當時的延平戲院公演。延平戲院也就是日治時期台南市最上流、建築最美的宮古座，後來拆除改建成延平大樓，大樓之內也曾經有過延平戲院，我曾經在那裡看了侯孝賢電影《悲情城市》跟《童年往事》。延平戲院荒廢多年之後，近來以真善美戲院重生。

因為兄長王育霖在二二八事件喪生，擔心也遭到逮捕的王育德，經香港逃往日本，完成東京大學博士學位之後，致力於台灣語研究和教學，並創立《台灣青年》刊物，是台灣獨立運動的精神領袖，也在台灣戒嚴時期流亡海外的黑名單中，直到一九八五年過世，未曾再踏上故鄉台南的土地。

從地圖方位看來，林志玲的花嫁之路從晶英酒店出發，大約是王育德就讀的末廣公學校附近，婚禮儀式所在的吳氏宗祠與喝新娘茶的霜花亭，跟王育德故居、竹仔巷的舊別墅、鴨母寮的新別墅，距離都不遠。晚宴所在的台南美術一館，是日治時期的台南警察署，大概是王育德最初入學末廣公學校舊校區會經過的路線。

往後有機會走一趟林志玲的花嫁之路，也可以來看看王育德終生思念卻無法歸鄉的台南舊城，這個城市除了美味料理之外，還有許多感人的故事，以及黏人的土地。

文青醫師吳新榮的府城遊玩

閱讀吳新榮醫師的日記，尤其是關於北門、將軍、佳里、府城等地緣的描述，幾乎可以看到我的父系家族在戰前戰後的生活軌跡。

吳新榮醫師生於一九〇七年，大約與我的阿公同世代，又剛好是出生於當時的鹽水港廳北門嶼將軍，算同鄉。在吳新榮兩歲的時候，台灣總督府廢掉鹽水港廳，將北門嶼併入台南廳，一九二〇年又改為台南州北門郡。小時候我常聽家族長輩用台語說「北嶼」，後來才知道是北門嶼的簡稱。

吳新榮從漚汪公學校畢業之後，進入總督府商業專門學校台南分校就讀，當時他的英文老師是後來成為台灣第一位哲學博士的林茂生，受到老師影響，吳新榮經常跑去聽文化協會的演講。一九二五年吳新榮進入日本岡山金川中學就讀，一九二八年考取東京醫學專門學校，亦即後來的東京醫科大學。因為就學期間加入左派領導的學生組織，在一九二九年的四一六事件中被捕，拘留二十九天。

《吳新榮選集三：震瀛回憶錄》之中，有一張拍攝於出獄之後的照片，青年吳新榮穿著黑色學生服，髮型中分，即使相隔九十年，看起來依然有傑尼斯偶像團體的美男實力。《吳新榮日記全集一》有一張一九三〇年拍攝於東京荻窪宿舍，身穿和服，四十五度角側臉的照片，十足的文青模樣。到了一九三二年，他與未婚妻在東京的相館拍攝的寫真，身穿淺色西裝，頭髮已經往後梳成油頭，戴著圓框眼鏡，露出臉頰淺淺的酒窩，十分帥氣。

吳新榮自己謔稱，「醫生是本業，文學是情婦」。他學成返台之後，接下叔父吳丙丁的「佳里醫院」，一邊懸壺濟世，一邊發表新詩等文學作品，號召當地文藝青年組成「佳里青風會」，參與台灣文藝聯盟，是鹽分地帶很重要的文學推手。

根據吳新榮醫師的三子吳南圖先生所撰寫的序文，提到吳醫師從一九三三年九月四日開始以鋼筆寫日記，一九三七年四月一日台灣總督府勒令廢止報紙漢文欄，因此吳醫師的日記從一九三八年元旦到終戰的一九四五年八月十五日，改以日文書寫。直到日本天皇宣布投降的第二天，包括日記、散文、自傳等文稿，恢復以「華文台語」書寫，到了一九四六年改以毛筆書寫，直到一九六七年三月十五日寫下最後一篇，二十七日過世。

閱讀吳新榮醫師的日記，尤其是關於北門、將軍、佳里、府城等地緣的描述，幾乎可以看到我的父系家族在戰前戰後的生活軌跡。不過我家阿公務農，兼差當總舖師辦桌的採買，與吳醫師的行醫和文學身分，完全不同，但是吳新榮醫師的日記，卻補足了我對阿公年輕時期的想像，終於知道他們口中所形容的，彼時來一趟「台南」是多麼遙遠的路程。

一生致力於台灣原住民研究的人類學家伊能嘉矩，在日治初期數度進出府城，發現地方小鎮之間仍靠牛車移動，很難前往遠方。由於河川阻隔，沒有橋樑，只能倚靠竹筏擺渡，就算架設橋樑，每逢雨季就被沖毀。吳新榮居住的佳里前往台南城內，就隔著南部第一大河川曾文溪，接近府城邊緣又有鹽水溪，進城簡直困難重重。

當時從佳里進城最便捷的交通方法，是搭乘台灣輕鐵會社經營的「台南—佳里麻豆線」輕便台車，但曾文溪每逢雨季就暴漲，輕鐵會社雖然在溪上架設簡易木橋，雨季來臨之前必須先撤掉，改以竹筏載客，雨季過後又重新鋪設。後來有了客運巴士，也是採取巴士與竹筏的接駁。

吳新榮醫師的日記寫道：「都會人週末好下鄉莊，我們草地人卻好到城市，所以我差不多一個月中，兩三次到台南市，名義上是做個週末旅行，事實做個『いきぬき』（透息）。我的いきぬき方法有五項：『逛街』『看電影』『吃點心』『找朋友』『按摩』。這五項如果缺少一項而回家，就感覺像不到過台南市，或感覺丟掉什麼東西在台南。」

吳醫師在一九四二年九月十二日的日記，描述他不想參加防空訓練，一心想要逃離佳里，去府城看電影，於是到新組成的「興南自動車會社」佳里營業所搭巴士，原本以為晚上七點鐘發車，到站之後才發現時刻表已經改成八點，因為「會社管理欠佳」加上

「從業員怠慢」，過了九點鐘才開車，又不巧遇到訓練用的空襲警報而延遲發車。到了西港，又遇到空襲，中洲寮以前，瓦斯用盡，車子進退不得，眾人只好步行到派出所，借用電話拜託支援派車，可是電話打不通，時間已經過了午夜十二點鐘，只能步行到台南。途中忽然發現有輛包車，裡面竟然坐著該輛巴士的司機跟車掌，吳醫師說他一時氣不過，把司機拉出來當人質，要他們快去叫支援車來載人。

走到和順寮，有人肚子餓，有人走不動，還是等不到支援車。只有兩個人願意跟吳醫師一起走，越過鹽水溪就是六甲頂，到了六甲頂之後就是台南了，但是看到溪水氾濫，只好再走回和順寮的廟中。終於等到支援車子來，以為可以直達台南，沒想到車子又在陸軍墓地（今台南北區西門路四段）前又故障。雨勢依然，沒有人願意在車上苦等，在戰時燈火管制的暗夜中，摸黑走到台南市區，已經是凌晨三點鐘了。

我家阿公曾經在戰時被徵調到台南桶盤淺一帶的空軍機場，因為被美軍空襲的子彈擊中腹部，同伴以牛車將他送回將軍鄉北埔村，很有可能跟吳醫師走的是同一條路線。

老派台南人對於「台南」的定義很嚴格，只局限於城內，出了城，就自稱是安平人、佳里人、學甲人，或說自己住歸仁、玉井，要時髦玩樂，就只能進城去「台南」。吳新榮醫師在日記寫著，「台南」是他心靈的故鄉，而從佳里到台南，只是二十公里的路程，卻因為交通不便，吳醫師往往要在台南市區的旅社或友人住處留宿一晚。

等到我父親從苓仔寮國小畢業，到台南城內的紡織廠當童工時，已經是戰後了。父親那時才十一、二歲，第一個放假日，因為想家，搭車回將軍鄉北埔村，而掛念兒子的阿公也從將軍鄉北埔村進城到台南，父子兩人因此錯過。當時大概是吳新榮醫師加入台南縣文獻會的時期，每個月有一到兩次週末去府城，除吃小吃、看電影之外，還到大明印刷廠討論文獻季刊和縣誌稿，印刷廠位在安平路摸奶巷附近。

等到我出生，開始有往返鄉下老家的交通移動記憶，已經是興南客運的輝煌年代，也有跨越曾文溪的西港大橋了，通車初期，大橋上面還有收費亭，必須支付過橋費。往馬沙溝的路線，佳里是大站，車子會繞進佳里站，停個幾分鐘，再繞出來。小時候我會用流利的台語背誦站牌，「苓仔寮、巷口、北埔」。

正如吳新榮醫師日記所描述，我們也稱北埔村老家的阿公阿嬤是「草地阿公阿嬤」，父親說他們小時候要看醫生得跋涉去學甲或佳里，交通方便之後，草地阿公阿嬤生病住院，就要去廟裡請一尊三王爺，一起來台南住進天公廟附近的「共和病院」。

吳新榮醫師的三子吳南圖先生回憶，他們偶爾會陪父親到「沙卡里巴」品嘗他喜歡的炒鱔魚麵、蝦仁肉圓各兩盤、活魷魚一盤。我也有全家一起去沙卡里巴吃小吃的記憶，最常吃的是雞肉飯和四神湯，偶爾吃炒鱔魚麵跟棺材板，而第一次品嘗到活魷魚時，驚為天人，尤其那味噌調製的蘸醬，十分難忘。

「逛街」「看電影」「吃點心」「找朋友」「按摩」。
這五項如果缺少一項而回家，
就感覺像不到過台南市，
或感覺丟掉什麼東西在台南。——吳新榮醫生日記

卷三

自由的　風

像川本三郎那樣的一人旅

過年的時候，沒有返鄉的必要，他會自己搭火車去旅行，在旅館住幾晚，吃著旅館或旅館附近還開門做生意的小餐館提供的料理，一個人迎接新年。

幾年前在信義誠品書店，聽著日本作家川本三郎先生分享他的東京下町旅行經驗時，對那樣的旅行模式極為神往，那應該符合自己的體質，一定要想辦法試試。

川本先生說他理想的一日生活，是早起在住家附近散步，自己準備早餐，上午處理一些寫作與工作上的事情，中午過後，出門搭電車開始日常的小旅行。最喜歡去下町，如果沿途發現有趣的古書店那就更開心。可以帶著剛買的書去居酒屋，邊吃晚餐，邊閱讀，是他理想的一日模式。

川本先生已經七十多歲了，多年前妻子過世之後，因為膝下無子女，也就過著獨居生活。過年的時候，沒有返鄉的必要，他會自己搭火車去旅行，在旅館住幾晚，吃著旅館或旅館附近還開門做生意的小餐館提供的料理，一個人迎接新年。有時候也不是那麼有計畫的長途旅行，僅僅在東京都內或近郊，沒什麼特別的規劃，帶一本書在車廂內閱讀，看著車窗外的四季變化，或是造訪偏僻寧靜的小站，不是觀光勝地更好。

他在《然後，明天繼續下去》這本書裡，有個名為〈小鎮漫行〉的篇章寫道，四月到五月是插秧的季節，他認為這個季節最美的風景是水田，坐在行駛於水田之間的電車，簡直像宮崎駿動畫《神隱少女》那輛奔馳在水面的夢幻電車一樣。其中一條欣賞水田的路線，是連結茨城縣水戶和福島縣郡山的ＪＲ水郡線，因為從東京出發當天來回水郡線有點趕，所以他會在接近中心點的「常陸大子站」下車，在那裡的小旅館住一晚。

「在逐漸蕭條的鄉間小鎮之中，很罕見地竟然有兩條商店街。」

「有以前的紅色圓形郵筒，以及屋頂鋪有瓦片的醫院。既沒有便利商店，也沒有大型超市。鞋店門口貼著『插秧用分趾鞋已進貨』的告示。」

「看到那告示時，我覺得名勝古蹟多的觀光地，都不如這種腳踏實地的小鎮來得美好。」

川本先生說，一個人旅行的好處，是可以去沒有觀光氣味的地方漫遊。

這本書的內容，有一部分是從二〇一〇年到二〇一二年在雜誌《東京人》的專欄集結，這系列的寫作有種模仿不易的調性，若沒有足夠的人生閱歷與溫柔，恐怕是寫不出那樣敘事流暢且多情的風格。或許就記錄了某一天或某段時間川本先生的交通移動過程，遇到的人，讀書的心得，看電影的感觸，生活的人情，街景的變化等等。有切成片段的，小小的幾行，也有連貫起來就寫下動人故事的篇章。最早我在新宿東口淳久堂書店發現《東京人》和《一個人》兩本雜誌並列的時候，喜歡得不得了，站在書架前方，好像還笑了出來。然而新宿東口那家淳久堂後來也撤了，沒想到多年之後，竟然有機會在台北跟《東京人》的編輯見面，那時川本先生也在場。

這系列文章，恰好就跨越了三一一地震前後期，地震發生那天，川本先生剛結束在六本木的一場電影座談會，搭乘地下鐵日比谷線到神谷町的途中遇到大地震。當天他先花了一個小時走到京橋的電影資料館，最後花了四個多小時，走回杉並區的住處。

地震之後，川本先生一度中斷了自己很喜歡的鐵道旅行，跟一般所謂的自我設限有點不同，純粹是心情沉重的關係。可是到了六月，他自己覺得這樣下去實在不行，於是出門搭了一趟水郡線，重新開始他的鐵道旅行，一方面是因為想要替東北做點什麼，但是年紀大了，做志工有點力不從心，只能捐點款項，或是去居酒屋的時候，喝東北生產釀造的酒，有時候到東京車站的福島物產館或銀座的岩手物產館買些東西，如此而已。直到在報紙讀了一則新聞，發現同樣喜歡鐵道旅行的政治學者原武史先生，為了聲援受到重創的三陸鐵道，一口氣買了一千張車票，花了將近六十萬日幣，川本先生恍然大悟，原來這種方法也可行啊！於是在災後的八月，他就獨自出發去福島旅行了，而且是很接近核電廠管制區的磐城市。

閱讀這本書的時候，我剛從福島旅行回來，已經是地震的七年之後了，好幾次在郡山轉車，可惜那時還不知道有水郡線這麼美的鐵道風景，然而川本先生卻是在地震發生之後的第一個夏天就已經以鐵道迷可以盡力的方式去幫東北加油了。

我漸漸走上如川本先生一樣的旅行人生了。這年歲要約人吃飯都難，大家的時間往往湊不齊一個短暫兩到三小時的聚會，要約好一起去什麼地方旅行，太早安排會有變數，臨時約人又不容易，要配合多數人的意見，勢必要將自己的期待縮到最小，因此一人旅行要趁早學習，多少可以減少約不到人就放棄出門的惆悵。何況一人旅行有著美好的毒，一旦嘗過那自由的甜頭，就覺得兩人以上的旅行好像有點擁擠。

若旁人看見一人用餐，一人旅行，說那也未免太可憐太寂寞，其實也無所謂。幾年前我在橫濱跟一名街頭畫家買了他的畫作明信片，他問說，「一個人旅行嗎？」我點頭說，「是啊！」他立刻跟我握手，「一個人旅行，很快樂吧！」

前年夏天的一個午後搭乘平溪線火車去了菁桐，在日式房舍外頭的小路，蹲下來看著石頭的青苔時，聽到牆內屋主打招呼，問說，「一個人旅行嗎？真自由呢！」

我喜歡這種善待自己的一個人旅行，像川本三郎先生一樣。

一人旅行要趁早學習，
多少可以減少約不到人就放棄出門的惆悵。

下北澤有間「文學堂美容室retri」

美容室裡，有如小型圖書館一般的書架，乍看之下，以為到了紀伊國屋書店或是淳久堂。

小時候還沒有髮廊的說法，母親說那是「洗頭毛店」。沒有預約制，先到先等。那時學校還有髮禁，也有定期的儀容檢查，平均三個禮拜要去修剪一次，我常常坐在洗頭毛店的椅子上，看完整本《姊妹》雜誌之後，還沒等到有人來幫我剪頭髮。

長大以後，可以選擇自己喜愛的髮型，因為是毛糙自然鬈，也就特別喜歡順順的直髮，還沒有離子燙之前，只能靠平板燙，頭上掛滿塑膠平板，遠看好像日本戰國時期的武士頭盔。早年從洗頭、剪髮、燙髮、染髮到最後的護髮過程，大概可以看完時報周刊、獨家報導、儂儂、薇薇或日本版的with雜誌，後來出現壹週刊，立刻把其他雜誌打得落花流水。但是雜誌翻來翻去，時間還是很緩慢，動輒四、五個小時，大概可以看兩部電影，或以手機或iPad追劇好幾集。如果可以在這幾個小時之內，閱讀一本書，時間發揮了雙倍的功能，感覺很划算。如果髮廊就是一間圖書館，又剛好在住家附近，或交通方便抵達的地方，那就更棒了。

位在東京世田谷區下北澤，就有一間藏書兩千冊的髮廊，名為「文學堂美容室retri」。出身栃木縣的老闆生田目泰孝有十六年的專業髮型設計師經驗，同時也是個愛書人，喜歡的作家有森博嗣、森見登美彥、小川糸、辻村深月、米澤穗信、宮本輝，他把愛書的嗜好帶入工作環境，聽說熟客之中，也有不少愛書人。

美容室裡，有如小型圖書館一般的書架，乍看之下，以為到了紀伊國屋書店或是淳久堂。店內座椅是有點復古韻味的皮沙發，從官網照片看起來，如果上完燙髮捲子，只要伸手，就可以拿到書架上的書，文學類別、小說、漫畫、散文集，幾乎都有。

從官網的常見詢問內容看起來，店內並沒有提供時尚雜誌，不過店家表示，如果客人有特別的閱讀需求，儘管跟店員說，他們會另外準備。即使沒有做頭髮的需求，也可以到店內看書。店內書籍不僅提供販售，還可以借閱，等於是一間街角小型書店加上租書店的經營概念，不同的是，還可以在書店裡面剪髮、燙髮、染髮、護髮與頭皮Spa。

這間充滿文學味的美容室，有自己的官方網站，也有twitter跟ＩＧ帳號，經常透過帳號發表他們想要推薦的書籍，並寫下簡短的閱讀感想。二〇一九年一月十二日，retri推薦了台灣作家吳明益的小說《天橋上的魔術師》日文譯本，翌日店員S出席了這本書的譯者天野健太郎先生的追悼會，還聽了專門研究台灣文學的赤松美和子老師的演說，對於台灣文學開始產生興趣。我是retri的twitter追隨者，連續兩天看到有關台灣的訊息，感覺很驚訝。

以書本書架作為店內裝潢配置的元素，提供客人閱讀的複合式經營，最常見的是咖啡館或簡式餐廳，近來也有旅館民宿走這樣的風格，以藏書作為吸引消費客群的特色，而網路書店博客來也嘗試跟集團內的超商旗艦店合作實體展售的新平台。

早期有些租書店會另外提供收費式的餐飲服務，讓消費者在店內閱讀，過去我曾經有過整個週六下午窩在租書店看完一套漫畫或讀完一本小說，連午餐晚餐都一併在店內解決的經驗。現在這種店面多數轉型為網咖，或稱為數位生活館，消費客層是線上遊戲的玩家，不是閱讀紙本的讀者。

閱讀原本就需要時間，不管是分散的時間，還是完整的幾個小時。尤其生活步調越來越快速，資訊的接收越來越速食化，可以讓心情沉澱下來，讓時間緩慢靜止的方法，大概就是閱讀了。不管是短篇散文、長篇小說，還是漫畫，都好。

要是可以一邊做頭髮，一邊看書，利用那幾個小時的時間，把美麗交給設計師，把思緒交給小川糸或辻村深月的小說，這種享受，真是讓人嚮往。下次去東京，想要去下北澤看看這間特別的文學堂美容室，順便麻煩設計師幫我剪個俐落的短髮，他說最擅長的就是短髮了。

文學堂美容室retri https://www.retri-bungakudo.com
〒155-0031 東京都世田谷区北沢2-27-6エルブーデ2F
下北澤車站西口，出站後右轉
推特帳號：https://twitter.com/retri_bungakudo

一間要收門票的書店

在東京屬於熱鬧精華地帶的六本木「文喫」書店經營已經超過三年了，這是個實驗，包括書店、閱讀、買書的人、寫書的人。

要收入場門票的書店，你願意付費進去看看嗎？

二〇一八年十二月十一日，在東京都港區六本木「電氣大樓」一樓，開了一家要收入場門票的書店「文喫　六本木」，距離地鐵車站只要步行一分鐘，該址原本是半年前歇業的連鎖書店「青山Book Center」（あおやまブックセンター，簡稱ABC）的六本木分店，連鎖書店的經營原本就面臨嚴峻考驗，歇店當時出現不少愛書人的惋惜之聲，因此原址展開新形態的書店模式，也引起不少話題。

文喫，從字面來看，可能取自「文化+喫茶」的構想。一般喫茶店提供咖啡和茶飲，或有甜點三明治與飯類麵類等簡餐，店內有咖啡茶香或簡餐的咖哩氣味，也有做得很棒的蛋包飯，加上舒服的音樂，可以閱讀、閒聊、洽公、約會、發呆，或以筆電處理工作、寫稿……等等不受時間制約的消費行為。少數愛書的老闆以大量藏書作為裝潢的氣質也好，提供消費者短時間的閱讀也行，甚至以二手書店變身膠囊旅館的例子也曾經引起一些話題。

然而多數喫茶店大概也只提供雜誌或報紙供客人翻閱，以台灣為例，街頭咖啡館、髮廊或銀行、診所等，早就有專門的租書公司以簽約收費方式，提供雜誌租借，也有雜誌報紙為了衝高發行量，好作為廣告洽談的籌碼，因而提供免費贈閱的例子也不少，這都是做生意可以嘗試且運作多年的做法。

反倒是書店光是靠賣書，似乎越來越難撐下去了。既要面對閱讀力和購買力的下降，也要對抗網路書店接近屠城式的威脅，即使像誠品那樣的大型連鎖書店，也必須靠賣場的二房東收入來補貼書店營收，這是很殘酷的現狀。

「文喫」僅保留小部分營業面積作為不收費的企劃展示與雜誌區，而把大部分空間留給付費的客人使用。開幕初期的入場門票為日幣一千五百圓，最近則是調整為平日一千六百五十圓日幣，假日一千九百八十圓日幣的入場門票，只要在早晨九點到夜間十一點的營業時間內，都可以免費使用店內Wi-Fi，以及冷熱咖啡與煎茶無限暢飲。書店內有九十個座位，包括附檯燈的書桌型座位區和沙發區，甚至有落地窗前的懶骨頭，躺下來都沒問題。書店內共三萬冊各領域主題的書籍可以自由取閱、檢索、購買，也接受客人預約的選書服務，購書超過一萬圓日幣，即可享受免運費宅配到府，也提供禮物包裝，接受雜誌訂閱等。店內有免費的置物櫃，以及作為小型讀書會使用的研究室。另附設餐廳，此區餐點必須另外付費，據消費過的客人在網路分享，日幣一千一百八十八圓的牛肉燴飯頗具水準，另外還提供甜點與酒精類飲料。如果是愛書人，在書店內一整日應該都沒問題。

書店的推特帳號與官方網站，每日都會推出店員選書「本日的一冊」，譬如在我寫這篇文章的這一天，他們推薦的是漫畫家川勝德重的劇畫作品集《電話．睡眠．音樂》（リイド社）。

經營這家「文喫　六本木」的企業主，是位於東京立川市的「LIBRO+」，旗下有不少書店品牌，他們強調「文喫」是為了讓人與書相遇才存在的書店，閱讀的不期而遇，因此產生戀情，所以店內的色調，使用的是讓人有戀愛感覺那種接近膚色的桃色系，稱之為「初戀pink」。

店內張貼了一張告示，說明他們為何主張要收費，「所謂的書店，就是販售書本的事業。書本與書店的價值，絕對不會褪色。希望可以藉由人和書本的相遇及閱讀，從此愛上書。我們就是為了這個體驗，提供了最棒的場地與服務，為了這些原因，才有了收費的想法。」

過去的年代，知識取得和娛樂選項大多來自書本閱讀，而書本的取得，必須透過實體書店。起碼在三十年以前，書店老闆最討厭那種光是站在書店閱讀卻不買書的客人，也因此常有漫畫或戲劇描述店員拿著雞毛撢子假借撢去灰塵而故意打在客人頭上的情節。書店盡量不設置桌椅，想辦法營造那種「客人翻閱之後，快點去櫃台結帳」的環境。

網路書店出現之後，實體書店獨大的地位遭到痛擊。最早我在日本「淳久堂」書店發現書架與書架之間出現椅子，可以坐著閱讀很久都不會有店員來打擾時，除了驚訝，還有感嘆，書店總算到了必須做點改變的時候了啊！

後來書店漸漸出現咖啡區，包括台灣的誠品、金石堂，以及日本來的紀伊國屋書店，但是咖啡區應該還是沒辦法攜入未結帳的書。直到以錄影帶出租店起家的蔦屋書店來到台灣，開始了允許顧客帶著店內販售書本雜誌到咖啡用餐區閱讀的經營模式，以我住家附近的蔦屋書店營業狀況看來，用餐區經常滿座，餐點的定價不比書價便宜，這或許是書店經營的一條生路。而一些小型獨立書店也推出收費會員卡可以折抵飲料或書款的服務，實在是賣書的生意越來越難做，一般人可能願意掏錢喝一杯一百到兩百元的咖啡，或買一個三百五十元的歐式麵包，卻不願意花錢買一本書，已經是這樣的消費年代，無法回頭了。

在東京屬於熱鬧精華地帶的六本木「文喫」書店已經經營已經超過三年了，這是個實驗，包括書店、閱讀、買書的人、寫書的人，總之出版這項文化事業，既有使命，又要能賺錢，一直都在實驗的路上。假設在台灣也有這樣的書店，你願不願意付錢買票，在最棒的環境與服務之中，跟平常不會遇到的書本相遇，甚至談一場閱讀的戀愛呢？如果願意，那會是多少錢的票價呢？

（註：因應COVID-19的東京都緊急事態宣言，營業時間有所調整，暫時並不提供酒精類飲料。）

日本寺廟的朱印新風格

因為太熱門了，信徒往往要排隊三小時才能如願，寺方不得不採取網站完全預約制，而每次開放下個月分的預約幾乎都是秒殺額滿。

到日本寺廟參拜，只要花日幣千圓上下，等同於香油錢的心意，就可以請寺方當場以毛筆揮毫，蓋上獨特設計的朱印，作為紀念。蒐集各寺廟手寫朱印，已經成為參拜的目的之一了。

台灣寺廟的收入大多靠香油錢、光明燈、安太歲和問事改運等服務，日本寺廟則比較重視參拜周邊商品的設計，譬如祈求「交通安全」「家內平安」「試驗合格」「安產」等御守，信徒除了買來保平安，也作為餽贈親友的伴手禮。近年也很熱門的就是「繪馬」，信徒可以把心願寫在繪馬的木板上，掛在繪馬牆，廟方會定期將收集起來的繪馬燒掉，代表信徒祈求的願望已經傳達給上天了，好像是那樣的意思。

可是朱印的蒐集比較特別，朱印帳一整本，一旦開始，總會渴望集滿，旅途中蒐集到的寺廟朱印，就成為行腳記憶的一部分。集滿一本，會想要再來一本，然後就一直持續下去。

最近日本突然熱門起來的朱印「排隊」熱點，出現在愛知縣津島市的「牛玉山觀音寺」，該寺隸屬真言宗智山派，一五二五年創立於當時的見越村，與戰國三雄織田信長、豐臣秀吉‧德川家康的關係深厚，一六〇八年移至現址。雖然歷史悠久卻跟得上網路科技的腳步，不但有官方網站還有推特帳號。其朱印風格之所以成為排隊大熱門，主要是負責該寺朱印書寫的是現任年輕副住持長谷川優。長谷川曾經在京都真言宗智山派總本山智積院修行一年，大學時期開始漫畫投稿，畢業之後成為漫畫家的助理，也曾經獲選講談社「青年漫畫誌」主辦的漫畫新人賞準大賞。由他負責的朱印書寫，不只有毛筆字，還有觀音菩薩與不動明王的佛像畫作，整整橫跨朱印帳的三個頁面，平均十五分鐘可以完成一幅。根據信徒手持的朱印帳大小不同，分別收取日幣一千三百圓與兩千圓志納料。

因為太熱門了，信徒往往要排隊三小時才能如願，寺方不得不採取網站完全預約制，而每次開放下個月分的預約幾乎都是秒殺額滿。除了現場朱印揮毫的預約服務之外，另外有事先印刷好的多款朱印可供信徒選擇，每幅日幣五百圓。不過信徒還是比較想要近距離觀賞副住持的現場揮毫。

寺院跟網路與漫畫的結合，竟然開創了朱印的新風格，實在厲害。

旅途中蒐集到的寺廟朱印，
就成為行腳記憶的一部分。
集滿一本，會想要再來一本，
然後就一直持續下去。

愛上大阪天王寺或許是因爲時代的蒼涼

每天早上坐在旅館二樓吃早餐，特意挑選可以看到鐵軌的靠窗座位，鐵軌旁的櫻花兀自怒放，好像是我一人獨享的美景。一個人吃飯成為一人旅最能放空的時間，尤其在嘈雜的食堂，看似孤單，卻很熱鬧。

旅行往往是這樣，做盡功課是一回事，不期而遇可能才是千載難逢的安排。選擇在大阪天王寺落腳，一方面是轉車方便，另一方面則是相較於梅田或心齋橋的熱鬧，從地圖看來，雖不至於荒涼，但起碼不太擁擠。

二〇一六年夏天，從暴雨的京都搭車來到天王寺車站時，恰好遇到下班尖峰時刻，約略知道旅館所在方向，卻找不到可以過到對街的斑馬線，只好拖著行李箱，走過好幾個路口再折返回來。天氣有點熱，以為很近的路程，卻走了好長一段路。路旁沒什麼觀光景點，有幾間藥局跟小診所，還有一間神祕的小小拉麵店。終於抵達旅館時，才發現抬頭就能看到夜色之中閃著亮光的通天閣。

夜裡的通天閣

我很喜歡山田洋次導演的電影《春之櫻：吟子和她的弟弟》（おとうと），劇情描述一對中年姐弟，姐姐在東京經營一間小藥局，不成材的弟弟因為醉酒大鬧姪女的婚宴，使得原本的家人關係更為惡化。吉永小百合與笑福亭鶴瓶飾演的姐弟，蒼井優飾演的姪女，以及姪女的夫婿加瀨亮，都是我喜歡的演員。劇情到了最後，落魄的笑福亭在位於通天閣一間設施裡度過生前最後的日子，搭新幹線前去照料的姐姐從設施房間打開窗戶，就可以看到夜裡發光的通天閣。那幕情景，或許就從我喜歡的電影畫面牽引出旅行的一期一會吧！在走進東橫INN房間之後，立刻打開窗戶，看見黃昏暮色裡的通天閣，立刻就相信了這應該是山田導演的安排。

原本決定去通天閣底下的新世界吃有名的串炸，又覺得不餓，於是先買票去了通天閣。通天閣也不是去或不去的抉擇，而是很自然就走到售票口，沒有猶豫就買票了。各樓層並沒有令人驚喜的設施，處處充滿復古的鐵鏽褐色視覺感，很適合熟齡朋友一起來憑弔舊時光，但是結伴來的看似中學生的訪客也不少。搭乘快速電梯去了通天閣最上層看夜景時，突然想起NHK晨間小說劇《多謝款待》的情節，寄宿在女主角家裡的大學生，因為身材很高，食量很大，被女主角取了綽號叫做通天閣。女主角是渡邊杏，男主角是東出昌大，兩人因戲結緣而結為夫妻，幾年之後再因為東出昌大不倫而離婚，當時我站在通天閣俯瞰天王寺周邊夜景時，恰好是這對夫妻剛迎來雙胞胎女兒的坐月子期間，回想起來，好像有點微妙，跟事件本人毫無關係的微妙。

過了一年，我又回到天王寺，同樣從車站走往通天閣方向，但已經熟知如何繞行月台搭電扶梯而不必扛著行李箱走樓梯，也已經知道出了改札口之後要先搭一部角落的電梯上到二樓，再從二樓走往人行天橋，再從天橋盡頭的百貨商場搭乘電扶梯下樓。我像熟門熟路的當地居民一樣，這一次在天王寺住了七個晚上，從這裡搭新幹線去廣島，利用大和快速列車去了法隆寺和宇治平等院，連著兩天拿JR PASS搭乘HARUKA特急當日往返京都，有三天在大阪市區搭乘電車晃來晃去。白天也不是太累，但是天黑之後就想回到天王寺歇息，愛上JR車站地下樓的超市熟食，在那裡買到剛上市就引起話題的無酒精啤酒。

相較於上一回的高溫盛夏，這一次還有早春的寒意，接近四月中旬，出發之前預期櫻花應該謝了，沒想到還在滿開的巔峰。每天早上坐在旅館二樓吃早餐，特意挑選可以看到鐵軌的靠窗座位，鐵軌旁的櫻花兀自怒放，好像是我一人獨享的美景。一個人吃飯成為一人旅最能放空的時間，尤其在嘈雜的食堂，看似孤單，卻很熱鬧。

舊時代裡的新世界

天王寺位在大阪阿倍野區，雖有嶄新的阿倍野大樓，也還有阪堺電氣軌道的路面電車運行。我對通天閣底下的新世界最好奇，儼然是進入舊時光的結界，很庶民卻有種危險如影隨形的緊張，那緊張是不安之中帶著好奇。感覺這區域穿著花襯衫的歐吉桑特別多，一些小酒館僅有吧檯座位，店內轉身都很困難，氣氛卻歡樂極了，路過多看一眼，裡頭的老闆都會揮手吆喝你進去加入酒精的武林拚搏個幾回合，或許那就是江湖傳言的關西人性格。時光在這裡倒退，起碼回到昭和初期，早於我出生的年代。

我看過NHK改編自吉本興業創辦人吉本せい生平的晨間劇《笑口常開》（わろてんか），才知吉本興業曾經是初代通天閣的擁有者，吉本せい在丈夫過世十四年之後的昭和十三年（西元一九三八年），以三十一萬買下通天閣，吉本興業在通天閣底下的新世界擁有芦邊館、新世界花月、南陽演舞場等劇場，坊間有一說，想要登上通天閣，非得踏上吉本的版圖不可。只是昭和十八年因為一場大火波及通天閣，即使在地居民希望重建的聲音不斷，畢竟在戰爭時期，吉本決定將通天閣捐給大阪府，將通天閣解體的鋼鐵捐給國家作為軍事之用。而今世人所看到的通天閣已經是第二代建築，腳底所踏的新世界，依然有一百零九年歷史的吉本興業存在的光澤，想像在那些小店喝著酒吃著串炸的客人，隨時都可以來一段精采的漫才。

這地方的喧鬧又跟東京池袋北口不同，光是大阪人走路的模樣、衣著的風格，跟東京人就是不一樣。我無法準確形容兩者差異，但行走其中，明顯感覺兩邊氣場迥異，東京人似乎安靜些，大阪人嗓門較大，看人的眼神也不同，東京人有戒心，大阪人隨時想要冒險。

離開大阪的前一天，決定去四天王寺參拜，感謝這趟旅途的照顧。也不Google路線，直接看路標跟街邊地圖，從車站往四天王寺方向幾乎沒什麼時髦新潮的店舖，淨是古意質樸的庶民氣味，每間店都想進去坐一下，聽一下爽朗的關西大阪腔也好。可惜距離午餐時間還早，店門口都掛著「準備中」的牌子。

四百年前大阪夏之陣

走一段石板階梯，發現兩側掛著「激戦の谷筋」的布旗。前一年我剛看完NHK大河劇《真田丸》，對於大阪夏之陣的慘狀十分入戲，飾演豐臣秀吉的小日向文世把這位時代人物的晚年詮釋得十分入味，因而讓我對旅行之中的大阪有了歷史的悲傷沉重感。尤其來到德川幕府與豐臣家的大阪夏之陣天王寺口，四百多年前，兩軍各有上萬兵力在此對峙，這條從四大天王寺南大門通往庚申堂的下坡路，正是一六一五年五月的廝殺戰場之一。

可能是走入巷弄之內，周邊幾乎看不到行人，內心想著自己的每一步可都是踩在當時豐臣家指揮軍真田幸村與主將毛利勝永的腳步上，四百年前的什麼人家的壯丁就在這裡嚥下最後一口氣，成為歷史事件的一個微小不為人知的犧牲者，走在石板階梯上，步履彷彿拖著千斤重。

抵達四天王寺，才發現遇到大整修，境內許多建築都無法進入參訪，只開放中心伽藍金堂，也只留一條參拜小通道。堂內只有微弱燈光，因為這樣，正中的觀世音菩薩與兩側四天王的面容看起來彷彿正在傾聽，往後我回憶起那瞬間的感動，會覺得胸口一陣熱，也不是領悟了什麼，單純說起來，那感動的層次很特別。

四天王寺境內有一處水池，水池旁有滿開的櫻花，櫻花瓣飄落池面，好像一面與天空互相輝映的鏡子，形成相當美麗的景色。

隔天離開大阪天王寺，前往關西機場之前，拉著行李箱走在那條日日往返車站的人行道，發現沿途一幢新大樓的唐吉軻德與樓上的VIA INN即將開幕，內心想著，下次再來大阪天王寺，就有不一樣的風景了。當時完全沒想到，之後去了福島、去了金澤，然後就經歷了全世界的大疫情，像異國旅行這樣尋常的出發，幾乎無法實現。

我想念天王寺車站樓下的生鮮超市，想念旅館附近的神祕拉麵店，想再去一次修復後的四天王寺，想去新世界與通天閣，我迷戀那周邊的時代蒼涼感，舊舊的褐色風景，走在其中，感受到時代的風，我喜歡這種旅行。

那個黃昏在月台跟京都告別

這些年，常常想起那個黃昏，拿著投幣來的罐裝奶茶在月台走來走去，走入車廂之後，望著車窗外的京都天空，為何有那般深沉的離別情緒呢？

最近經常想起那個黃昏。時間在回憶之中，濃縮成一個小小的句點。

二〇一七年四月中旬，出乎意料的櫻花依然滿開，較往常的經驗似乎有點遲，訂機票的時候只想到避開賞櫻人潮，從關西機場辦好JR PASS，搭上HARUKA特級列車，被鐵道沿線滿開的櫻花爆擊時，才意識到人生所有的相遇，原來都是註定好的山水相逢。

出發旅行之前，恰好日本台播出大河劇《真田丸》的進度來到豐臣秀吉的晚年，最後一次去醍醐寺賞花，然後是秀吉死後的火燒大阪城。我所投宿的大阪阿倍野區天王寺東橫INN周邊，插滿「夏之陣」古戰場的旗幟。可能是因為大河劇的氛圍，來到豐臣家的主場，腦裡又是秀吉晚年的蒼涼，那次入境關西，心情始終在快樂不起來的心事狀態，還不到悲傷的程度，但是屬於旅行該有的快樂，相對少很多。

八天的旅行，都住在天王寺。每天清早從天王寺出發，拿著JR PASS，彷彿通勤族，天亮出門，天黑返家，返回旅行中的家。

旅行的第四天，特別早起，突然想去京都，既然手上有JR PASS，那就搭乘HARUKA特急，似乎很囂張，但也只是把JR PASS的價值用力壓榨出來。看我輕裝也無行李，列車長還特別詢問我從哪裡上車，亮出PASS的時候，好像拿出證明清白的良民證一樣，自己都想笑。

抵達京都車站時，才發現當天雖然氣溫很低，但陽光燦爛，透明玻璃天幕的京都車站，有天空直射的光影，猶如一道穿越時空的破口。走出車站，才發現公車站擠滿人，連發售公車一日券的販賣機都大排長龍。我是個對排隊沒有耐心的人，於是走往公車站側邊的服務中心，發現該處櫃台其實也提供一日券販售服務，入口處有一位斜背著義工彩帶的老先生，相當和善地一路導引我到櫃台，在一切都講求機器便利的時代，竟然在人工櫃台享用了好幾倍快速服務的便利，在京都這個地方尤其合理。

往清水寺或錦市場、金閣寺方面的公車大排長龍，我選了幾乎沒什麼人排隊的公車路線，在天滿宮下車。天滿宮是考生參拜的大熱門，我跟在一個看似修學旅行的學生團體旁邊，聽那名高舉小旗子的導遊解說考生參拜的順序和規矩。在學生團體離開之後，天滿宮突然安靜下來，在櫻花樹下坐了一下子，就在附近閒晃。意外走入「上七軒」一帶，約莫是午前十一點鐘前後，路旁的小料亭跟烏龍蕎麥麵店都還在準備中，有幾家小巧的咖啡館也還沒開始營業，一直走往千本今出川的方向，在公車站牌找到想要搭乘的路線，我想去今宮神社看看。

綾瀨遙跟堤真一主演的電影《本能寺大飯店》，有一幕由堤真一飾演的織田信長，帶著穿越時空的綾瀨遙去到今宮神社的情節，信長回想兒時在那裡玩耍的記憶，應該是那部電影最美的畫面。

今宮神社幾乎沒什麼人，安靜到讓人懷疑樹叢晃動之處會不會冒出什麼幽魂。電影裡那條長長的石階，實際走起來相當陡。那天是週三，不知道什麼原因，神社前方的表參道幾乎沒有商店營業，原本期待吃到的今宮神社名物「炙り餅」（あぶりもち），完全撲空。

離開今宮神社之後，散步走了好長一段路，看到一些可愛的漬物店跟八百屋，也有很在地風味的蔬果店跟販售肉品的店家，可惜在旅行中，不是平日住家附近的買菜行程，這時候會特別扼腕，明明那些東西都很想帶回家。

走到疲累的時候，遇到第一個公車站牌就跳上一部沒什麼人的公車，在很接近哲學之道的岔路口下車。哲學之道我大概走過四次了，卻是頭一次看見路旁的小溪流水覆蓋厚厚一層櫻花瓣，感覺像粉色的草莓牛奶。一路走到南禪寺，原本盤算去吃一套湯豆腐定食，突然想起前一晚在網路看到的「蹴上傾斜鐵道」（けあげインクライン）滿開的櫻花美景，立刻透過手機查詢電車路線，轉了兩趟車，來到琵琶湖疏水道旁的廢棄傾斜鐵道。來回走了將近六百公尺，整個人猶如被滿開櫻花吸入的氣勢，甚至覺得拍照都不足以記錄那樣的美景，我坐在廢棄鐵軌上，才想起錯過的午餐和完全不感覺飢餓感的身體，原來寫進風景了。

當晚又搭乘HARUKA特急回到天王寺，翌日為著豐臣秀吉人生最後一次賞花，去了醍醐寺。從醍醐寺回程時，胡亂轉車又回到京都三条大橋，在街邊老舖買了顏色繽紛的金平糖，倘若吃了金平糖再去搭乘本能寺大飯店的電梯，電梯門打開就能遇到織田信長，電影是這麼演的。

沿著鴨川散步，躺在河床邊的水泥地曬太陽時，發現口袋裡的ICOCA不見了，明明剛剛才在地鐵站補充了日幣五千圓啊，我的ICOCA被穿越時空的織田信長沒收了嗎？

沿著大馬路，經過八阪神社，經過三年坂，去看看以前家族旅行住過的旅館，再經過清水寺，一路想著該不該買個口金包，再一路看著開往京都車站的公車全都大排長龍，幾乎上不了車。我跳上與京都車站反方向的興福寺路線，再由興福寺轉搭地鐵回到京都車站時，是天色將暗未暗的傍晚時分。在自動販賣機投幣買了熱奶茶，在賣店看了幾個便當菜色，遲遲做不了決定，那就回天王寺再說。

在月台尾端等待發車的HARUKA特急看起來很空曠，或許這時間要前往關西機場的旅客並不多。走到最前面的車廂坐下來，看著車窗外的黃昏暮色，想到短期內應該不會再來京都了，突然寂寞了起來。

這些年，常常想起那個黃昏，拿著投幣來的罐裝奶茶在月台走來走去，走入車廂之後，望著車窗外的京都天空，為何有那般深沉的離別情緒呢？我喜歡京都的原因並不是那些觀光熱點，反倒是走在安靜小巷弄，突然意識到猶如穿越時空的時代感，彷彿什麼歷史上的幽魂會突然出現，織田信長或坂本龍馬。

特別是這段時間因為疫情無法旅行的日子，我想念京都了啊！

留在金澤的小花傘

沒想到颳起一陣強風，剎那就將雨傘拉走，瞬間好像看著慢動作畫面，看那粉色小花傘先是被氣旋帶著往天空飛，接著就以漂亮的弧度緩緩墜入淺野川。

抵達小松空港時，刺骨寒風迎面而來，立刻感覺到日本海的威力。空港巴士過了金澤車站，來到近江市場站牌，突然降下大雨，我在終點香林坊下車時，雨勢雖然變小，但是一手拖著行李箱，一手撐傘，還要抵擋強風，對於暌違好幾年的金澤見面禮，還是有點吃不消。

翌日雨勢未歇，先撐傘去了二十一世紀美術館，再乘公車造訪東茶屋街，中午在一間老屋改裝的小店吃了蕎麥麵。雨勢時大時小，手上那把粉色摺疊花傘，幾年之間隨我去了京都、奈良、宇治、姬路、倉敷、岡山、廣島、仙台、福島、會津、二本松城。修過兩次，但色澤依然亮眼，開合都無問題，是很體貼的旅伴。

離開東茶屋街，走到附近的主計町茶屋街，聽說傍晚點燈的時候特別美，可惜這天還早，沒有點燈的美景，但淺野川兩側櫻花開得很美。我站在橋上，拿起手機，為了空出另一手按快門，只能把傘柄夾在脖子跟肩膀之間，沒想到颳起一陣強風，剎那就將雨傘拉走，瞬間好像看著慢動作畫面，看那粉色小花傘先是被氣旋帶著往天空飛，接著就以漂亮的弧度緩緩墜入淺野川，在水面轉了幾圈，再慢慢往下沉，剩下一小片碎花容顏，跟兩岸的櫻花相互輝映。

站在橋上，淋著雨，看著遠去的旅伴，滿滿懊惱，卻說不出道別的言語。僅僅幾秒過程，最終濃縮成視線盡頭一抹顏色，和我去過不少地方旅行的小花傘，竟然就這樣執意留在淺野川，不肯跟我回家。

那附近淨是茶屋街的老房子，反覆走了幾百公尺，遇不到一間賣傘的商店，連日本密度很高的便利商店都沒有。最後只能跳上一部返回香林坊的公車，回到有賣傘的地方再想辦法。

公車駛離東茶屋街，真的要跟那把傘告別了。人與物之間的感情，往往是回憶的繫絆。我在車內靠窗的座位打開手機相簿，發現從淺野川探出頭來的小花傘，好像揮手眨眼跟我說再見，說它想留在淺野川。心想，該不會是被神隱少女的白龍給帶走了吧！

後來在香林坊的便利商店買了一把普通的透明傘，原本想帶回來，最後竟然遺忘在離境的小松空港候機室，也許它也不想離開金澤吧！

人與物之間的感情，往往是回憶的繫絆。

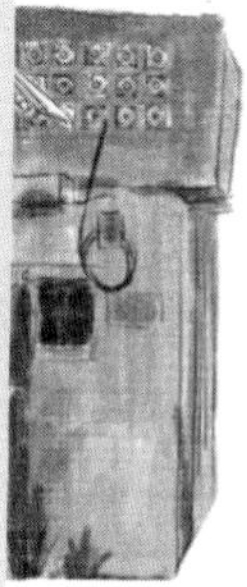

無人車站

那些旅途之中的擔憂，最後總會得到溫暖的相助，這大概是旅行讓人勇敢的理由吧！

在金澤上車之前，特別找機器儲值Suica卡。

幾年前從東京搭車到千葉佐原，沒料到路途遙遠，出站的時候，因為Suica卡餘額不足，硬是被機器擋下，那地方又是小站，沒有自動精算機，只能比手畫腳，找站長補票。旅行之中，靠經驗累積的各種事前顧慮，雖然可以避開不少麻煩，但也有可能讓自己更加神經質，越是神經質，就越相信什麼都考慮好了，一旦出錯，懊惱就會加倍。

因此站在金澤車站的售票機前方，約略計算了往返七尾站的車資，將五千圓日幣紙鈔塞進機器之後，很自然地，就刷了Suica卡進站。

仗著手上有張餵得飽飽的Suica卡，既不專心聆聽車上廣播，對車廂中走來走去提供補票服務的車掌，也完全無視。當JR七尾線列車慢慢駛離金澤，往能登半島前進時，兩側開始出現綠地田園，上下車的乘客越來越少，車廂空空蕩蕩，這時候，我才發現事情有點不妙。

列車停靠的車站，大多是無人服務的小站，大概只有勉強遮風避雨的小亭子，有幾個車站甚至連亭子都沒有，只在月台旁邊立一根桿子，桿子上面撐一個小木箱，下車離站的乘客，就把車票往木箱裡面丟。

地方鐵道往往這樣，若考慮到營運收益，某些路線早該廢了，為了沿線無人小站一天僅僅少數人進出，與其每站配備人員，還不如把賣票驗票的工作交給隨車的車掌。譬如在東北豪雪地區的只見線，有些無人小站幾乎是孤立在高山雪地裡，可能那附近有些聚落或水壩之類的工作場所，否則像我這種搭車看風景的旅人，除了讚嘆美景之外，難免疑惑，像那樣人跡罕至的鐵道沿線，若變成命案現場，應該不容易被發現，發現時也已經是白骨了吧！

可是在七尾沿線看到的無人小站，起碼還有春色與陽光，不是那麼孤獨的感覺。然而我看著無人小站那些收票的小木箱，內心大概涼了一半，另外一半還保留些許溫度的原因，大概是期待終點七尾站起碼有可以刷ＩＣ卡的機器吧！

接下來的車程，大概是抱持如此微弱的期待，又摻雜著強烈的不安，根本無心觀賞窗外早春的風景。有幾株櫻花甚至以滿開之姿，如孔雀開屏那樣奔放的身段，努力吸引我的目光，我卻煩惱著等一下如何跟車站人員解釋，不停練習正確的日文語句，腦內小劇場忙碌不已。

抵達七尾站的時候，看到約莫五、六十歲、穿著藍灰色西裝制服的站長，站在出入口的中間，出站乘客將車票放在站長前方的金屬檯面上，果然是個沒有自動驗票機的車站啊，我只能拿著Suica卡跟站長解釋，「不好意思，在金澤站刷了這個……」站長聽了我的口音，立刻懂了，請我準備好票款，到一旁的窗口等待。他特意把票款的數字說得慢而清楚，口氣體恤而溫暖，雖然臉上沒什麼笑容。

等到出入站的乘客都離開了，他走進玻璃窗內的站長室，脫下帽子，鞠躬，伸出雙手，跟我要了Suica卡，先將金澤刷卡進站的紀錄取消，再收錢幫我補票。一邊感謝我準備了剛好的票款，一邊對於車站沒有提供刷卡服務，不斷跟我道歉。

回程在自動售票機買了前往金澤的車票時，站長似乎是認出我了，「是剛才那位客人吧！」我們相視而笑。他說天氣冷，先上車吧，車廂裡有暖氣。

車站發車音樂是一青窈的〈花水木〉，我想起改編自一青妙散文的電影，知道一青姐妹的母親出身石川縣能登，於是站在月台，把音樂聽完才上車。

列車駛離七尾站之後，心裡想著，那些旅途之中的擔憂，最後總會得到溫暖的相助，這大概是旅行讓人勇敢的理由吧！

一百年的地方藥局

之後又來了一位拄著助行器的老太太，要找對付花粉症的厲害口罩，還問老闆怎麼不在店內，女士們說老闆出門送慢性處方給客人了。完全就是街角鄰居的閒聊，我站在其中，很享受那樣的溫暖人情。

從香林坊到片町的金澤鬧區，幾乎看不到連鎖藥妝店，尤其是在其他大都市稱霸的松本清。根據以前在日本旅行的經驗，如果在東京或大阪打開手機查詢，那些在地圖上冒出來的藥妝店分布點，大概會讓密集恐懼症的人感覺驚恐吧！

赴日旅行難免要執行長輩交代的藥品採買任務，以前大概就是挑一家連鎖藥妝店，一次購足，一起退稅，提著密封的透明塑膠袋，標準觀光客的模樣。可是在金澤旅行，尤其走非典型的行程時，眼看就快要離境了，那就不必執著於「激安」的價格，在七尾這個靜謐小站突然有一個多小時的空閒時，決定到商店街去碰碰運氣。

先走到一個叫做「Ribbon通」的商店街，可能因為時間還早，多數店舖都掛著「準備中」的小木牌，一間食堂飄來熬煮高湯的柴魚醬油味，放在店門口等著廠商來回收的整箱玻璃空罐，還殘留著前一晚酒客留下來的啤酒氣味。

走到離車站遠一點的「一本杉」商店街，發現商店街轉角，有一間中山藥局，門口貼著退稅的海報。既然可以退稅，那就推門進去。是很傳統的街角藥局，店員是兩位打扮跟談吐都很優雅的熟齡女士，看到我拿出護照表明要退稅，立刻戴起老花眼鏡，拿出櫃台抽屜裡A4大小的護貝紙張，按照上面的步驟操作收銀機，接著拿出退稅申請單，正在煩惱如何填寫時，我說自己來填比較快，優雅的兩位女士立刻露出笑容，一邊鼓掌一邊笑說得救了。其中一位女士說，「這政府真是的，既然要給外國人退稅，手續應該更簡便才對啊！」另一位女士則是不斷道歉，「結帳花這麼多時間真是不好意思。」

這時，狀似熟客的一位老先生推門進來，指著自己的鼻子，嚷著要買治療鼻塞的噴劑，而且堅持要習慣的老牌子。之後又來了一位拄著助行器的老太太，要找對付花粉症的厲害口罩，還問老闆怎麼不在店內，女士們說老闆出門送慢性處方給客人了。完全就是街角鄰居的閒聊，我站在其中，很享受那樣的溫暖人情。

之後上網查詢才發現這間藥局創立於明治三十九年，已經超過百年歷史了。地方藥局要對抗連鎖事業的拓展勢力，是很不容易的事情啊！也因為造訪這樣的老舖，原本只是購物消費的心境，瞬間就充滿敬意了。

造訪這樣的老舖，
原本只是購物消費的心境，
瞬間就充滿敬意了。

日本新幹線的鍵盤聲

新幹線座位前方，以告示提醒乘客減少鍵盤噪音，倒讓我非常驚訝。確實不少上班族會在新幹線車廂內，打開筆記型電腦工作，不管鍵盤設備如何先進，因為手指頭或手指甲敲擊的力道，要真的達到無聲，好像還是有點困難。

前往福島旅行時，在東北新幹線列車上，看到座位前方出現一塊小小的文字告示，大意是說，希望旅客在新幹線車廂內，使用筆記型電腦鍵盤輸入時，可以顧及到其他乘客，盡量不要發出聲音。

日本人普遍有種「盡量不麻煩到別人」的性格，如果因為自己的行為導致他人的困擾，會覺得很丟臉。因此在電車內，手機幾乎都調成震動模式，在優先席附近甚至貼有公告，為了顧慮電磁波危及老弱婦孺的健康，希望乘客將手機關機。這種在群體之中不要太顯眼的壓抑性格，也表現在早期冬天通勤時段進出車站的上班族打扮上，幾乎都是米色大衣。曾經聽過在日本就職的朋友說，穿深色大衣的大概屬於性格比較叛逆的人，面試的時候比較吃虧，不過這狀況在米色大衣逐漸被羽絨外套取代之後，似乎沒那麼明顯了。

新幹線車廂除了手機鈴聲或講手機的自肅之外，帶進車廂的食物氣味好像也被拿出來討論過，咖哩便當或味道較濃的燴飯之類的食物，恐怕是不行的。日本各車站販售的幾乎都是冷便當，雖然有些店家提供微波爐加熱，但起碼在食材味道上，還是謹守氣味不要太強烈的規矩。在網路曾經看過經驗分享，車站雖然販售章魚燒，可是店家特別提醒，章魚燒不能帶進新幹線車廂，不曉得是乘客之間默認的潛規則，還是真有這項規定。

不過，新幹線座位前方，以告示提醒乘客減少鍵盤噪音，倒讓我非常驚訝。確實不少上班族會在新幹線車廂內，打開筆記型電腦工作，不管鍵盤設備如何先進，因為手指頭或手指甲敲擊的力道，要真的達到無聲，好像還是有點困難。自己敲鍵盤的時候或許沒有感覺，可是聽在那些想要安靜休息的乘客耳裡，絕對是噪音，應該已經引起不少乘客投訴，JR才會如此正式地在每個座位前方貼出公告。

台灣人在這方面則是展現絕對的率性自由，車廂內常見到以擴音模式講手機或上網追劇或打線上遊戲的行為，完全不覺得打擾到別人有任何不妥。捷運車廂因為禁止飲食，較少有氣味的問題，但是高鐵台鐵車廂到了用餐時段，因為台灣人偏好熱食，車廂內就充滿食物的氣味，舉凡超商微波的咖哩飯，或臭豆腐麻辣鴨血，甚至是焗烤起司類的餐盒，炸雞排或鹹酥雞再搭配炸過的九層塔和各類蘸醬，種種氣味在密閉車廂內展開無差別攻擊。

台灣人如果搭乘日本電車應該會覺得處處受到局限，同樣的，日本人要是見識到台灣人在電車上的豪放自由，應該也是大開眼界吧！

日本人普遍有種「盡量不麻煩到別人」的性格，
如果因為自己的行為導致他人的困擾，
會覺得很丟臉。

仙台忍者部隊

整個大樓清洗作業，好似戰國時代的攻城作戰，與台灣清洗大樓外牆常見的垂掛工作檯模式完全不同。

初春，日本東北仙台，清早氣溫還在十度以下，是很適合散步的乾冷天氣。當天沒什麼計畫，卻意外地早起，旅館距離仙台車站很近，就隨意沿著車站前方的拱廊商店街，往仙台朝市的方向，抱持著迷路也好，若順利抵達就當作是天意，簡單的旅人心境。

走在穿著西裝套裝的上班人群裡，不似東京通勤時間那般擁擠，保持著人與人之間恰好的距離，雖陌生但不至於疏離，雖靠近卻不至於碰撞，置身其中也不會有熱鬧或孤獨的任何一種情緒。

只要來到日本，聽到路上的烏鴉啼叫，再加上救護車的聲音，置身日劇的元素就完整了。畢竟那是一種生活感，旅行之中如果意識到生活感，會覺得安心，證明自己足夠融入街景，不會露出旅人的破綻。露出破綻也沒什麼不好，跟每個擦身而過的路人都是一期一會，最接近的瞬間，有可能此生不會再相遇，這是很棒的緣分啊！

從商店街的岔路走出來，發現遠方一棟大樓的玻璃外牆出現三個黑色身影，手腳恍若有吸盤，在外牆上下攀爬，偶有彈跳，手裡似乎拿著厲害的工具，身手頗矯捷，猶如穿越時空，從日本戰國時代來到仙台市區的忍者部隊，不曉得肩負什麼任務。

我望向身旁的路人，帶著求助的用意，希望他們也看到那三名穿越時空的忍者，只是路人都如常行走，對於出現在前方大樓的三名忍者，一點興趣都沒有。我保持著仰頭的姿勢，走到與大樓相隔一條小馬路的信號燈下方，發現一個與忍者部隊打扮類似的中年大叔，和我一樣的仰角視線，也看著那些牆上的忍者，甚至嘴裡唸唸有詞。

近看才發現，這些忍者身上纏著類似攀岩的鋼索，全身包得密不通風，看起來應該是防風防水的機能工作服，連頭頸都包覆得很好，還戴著工程用的安全帽，腳穿著類似野戰部隊的長靴，腰間繫著一圈工具袋。他們手拿強力出水的噴槍，從頂樓循序往下彈跳。站在我身旁的那位大叔應該是監工之類的人物，透過別在領口的小型麥克風，一邊觀察風力，一邊跟攀爬在大樓玻璃帷幕的忍者對話。

頂樓還有幾名監控著垂掛鋼索的工程人員，整個大樓清洗作業，好似戰國時代的攻城作戰，與台灣清洗大樓外牆常見的垂掛工作檯模式完全不同。這樣的忍者部隊，看起來十分俐落帥氣，甚至有著舞蹈般的律動。

我就站在那裡抬頭仰望他們的身影，直到收工才離開。站我身旁的監工大叔應該感覺疑惑吧！

旅行之中如果有意識到生活感，會覺得安心，
證明自己足夠融入街景，不會露出旅人的破綻。
露出破綻也沒什麼不好，跟每個擦身而過的路人都是一期一會，
最接近的瞬間，有可能此生不會再相遇，這是很棒的緣分啊！

到仙台看樂天林英傑

繞著球場走一圈，經過位在外野的小型摩天輪，想像滿場球迷發出應援吼聲會是怎樣的情境。一場遲了十二年的巡禮，總算如願來到仙台跟當時追求夢想的林英傑說一聲加油。

二〇一八年三月，從積雪的福島會津回到仙台，等待下午班機返台的空檔，決定完成一趟遲了十二年的旅程。

JR仙石線從仙台車站出發，抵達宮城野原站只要五分鐘。從地底月台搭乘電扶梯來到地面時，立刻被東北樂天球團的「樂天紅」包圍。步行到宮城球場並不難，出口標示寫著「走吧，一起去幫樂天金鷲隊加油」。

走出車站，才發現甲子園高校野球的常客仙台育英就在對街，春甲出賽十四回，夏甲出賽二十八回的傳統名校，可惜這年的仙台育英才因為野球部員違規飲酒吸菸被處以無限期活動休止。

往樂天主場的沿途會經過仙台國立病院、綜合運動場與陸上競技場，還有一座相撲場，盡頭的宮城球場就是樂天金鷲主場。那天，吊車正在換裝球場冠名商的大招牌，工作人員在賣店前方清點貨櫃卸下的球隊周邊商品。

十二年前，為了誠泰三本柱之一的林英傑簽約加入樂天金鷲隊，早就擬好球場朝聖路線，最好遇到林英傑先發，想在球場特設的溫泉池泡腳，在外野看台喝球隊冠名的啤酒。球場平面圖早就寫進腦海，就差出發的動機而已。然而三個球季結束，林英傑在日職一勝難求，晚一步來到樂天的林恩宇，反而取得一場先發勝，賽後被當時的野村監督摸頭的畫面，至今猶然記憶深刻。

站在球場正前方，想起林英傑時期的東北樂天強投應該是後來挑戰大聯盟的岩隈久志，晚一年被選入球隊的田中將大跟林英傑當過兩年隊友，之後田中將大這名超級新人在二〇一三年完成跨季三十連勝的紀錄，還在那年以季後賽完全燃燒的「神之子」氣勢，幫樂天奪下當年度的日本總冠軍。

繞著球場走一圈，經過位在外野的小型摩天輪，想像滿場球迷發出應援吼聲會是怎樣的情境。回到仙台車站時，發現站前有當時執掌樂天兵符的梨田監督人形，旁邊計時器寫著「距離東北開幕，還有十九天」。

一場遲了十二年的巡禮，總算如願來到仙台跟當時追求夢想的林英傑說一聲加油。十二年前的熱血慢慢沉澱出人生醍醐味，三月早春的仙台，空氣之中嗅到的不是夢想未竟的惋惜，而是宛如昨日的歷歷在目。

而今樂天集團入主台灣職棒，從球賽轉播畫面看到擔任牛棚投手教練的林英傑，穿著樂天紅的球衣，彷彿看到當年與樂天簽約時，穿著九十一號球衣的神采。

不管是球員時代的投手丘，還是指導教練的牛棚，除了加油，就是祝福了！

三月早春的仙台，
空氣之中嗅到的不是夢想未竟的惋惜，
而是宛如昨日的歷歷在目。

仙台飛往台灣班機的臥底報告

那兩名跟我一起從仙台搭機抵達桃園機場的男孩，將他們第一次出國機會給了台灣。希望他們初次台灣旅行可以順利，喝到想喝的台灣啤酒，吃到滷肉飯，也順利找到開往九份的巴士站牌。

二〇一八年，因為寫作取材的關係，去了一趟福島。返程在仙台機場等待自動機器check in的隊伍中，透過目測，約略算出搭機返台的台灣人，跟搭機前往台灣旅遊的日本人比例，大概是一比二。

在等待手提行李X光檢查時，排在我前方的是兩名年輕的日本女孩，從兩人對話中，知道其中一人經常來台灣旅行，正在跟同行的朋友描述在台北洗頭、按摩、做臉的經驗。她們想在這次旅行尋找台灣本地製作的草本香皂，也計畫去迪化街買那種據說很厲害的漢方防蚊包，有聽說一種夏天洗完澡可以搽在身上、滑滑的、有中藥味的粉末，我差點插嘴說那應該是痱子粉，另外也想推薦明星花露水啊，可惜在那瞬間沒有說出口。隱約從她們的交談中，知道假期只有三天，所以要好好把握，想吃牛肉麵跟芒果冰。

進入機艙，坐好靠走道的位子，發現右側是兩個大學生模樣的男孩，兩人一直很興奮，不斷用那種我幾乎無法跟上節奏的速度，說著即將前去台灣旅行的計畫。他們在飛機還在跑道滑行的時候，不斷交換彼此從手機查到的旅遊訊息，等到機上廣播提醒，兩人果然乖乖將手機轉換成飛航模式，然後開始翻閱紙本旅遊書。我看到書上貼了滿滿顏色鮮明的便利貼，可以想像，這兩個男孩在出發之前應該做了不少功課。

要是一般搭機行程，旁邊坐著兩個不斷交談的陌生乘客，應該會很崩潰，不過這兩個男孩太有趣了，因此有了臥底竊聽的興致，也就不介意他們略顯吵鬧的音量，就當作日語聽力練習好了。

他們應該是動漫迷，不斷模仿聲優說著某些動漫角色的台詞，一搭一唱，又像是默契很棒的漫才組合。我不僅聽他們對話，還偷窺他們的旅遊書，他們太專心於台灣話題，完全沒有發現我的企圖。

兩人之所以想到台灣旅行，似乎是因為一個他們共同認識的女孩「A-YA醬」，從A-YA醬那裡聽說了台灣種種有趣好玩的事，男孩雙人組就決定把第一次出國旅行獻給台灣。

「總之，下飛機之後立刻去買台灣啤酒吧！」

「應該先去找台北車站附近的旅館才對。」

「那麼，找到旅館之後，放下行李，就去買台灣啤酒吧！」

「不是應該先找滷肉飯嗎？」

「啊，應該先吃滷肉飯！但是吃滷肉飯之前，可以先喝一口台灣啤酒嗎？」

（然後兩人開始練習滷肉飯的發音）

「一定要去九份。」

「可是去九份好像很困難。」

「為什麼？為什麼困難？」

「書裡面說，去九份的巴士站牌請到現場再確認，該不會是跑來跑去吧？」

「跑來跑去？這樣很有趣啊！」

「笨蛋，是說可能那站牌好像換位置了。」

「總之，去九份找《神隱少女》的湯屋。」

「笨蛋，吉卜力早就說那不是了啊！」

「沒關係，就當作是又不會怎樣！」（開始用聲樂的方式唱起歌）

「你在唱什麼？」

「唱《神隱少女》的主題曲啊！」

「笨蛋，那是《魔女宅即便》的主題曲啦！」

「會不會在路上看到有人cosplay？」

「去士林夜市吧！」

「去喝珍珠奶茶吧！」

「不過要先學會這句才行。」（兩人開始練習中文：可以算便宜一點嗎？）

不過，這對快樂的漫才二人組，在拿到空服員給他們的台灣入境申請表格之後，立刻遇到瓶頸，他們發現旅遊書沒有教他們如何填寫，又沒辦法用手機上網查，於是出現以下的對話：

「如果出發之前有問過A-YA醬就好了。」

「我們會不會在入境的時候就被打回票了？」

「只好雙手投降，拜託不要逮捕我。」

「那就喝不到台灣啤酒了。」

因為入境申請表格陷入苦惱的兩人，很快就睡著了。

機艙走道另一側，是一對熟齡夫妻，妻子認真閱讀旅遊書，還拿紅筆圈選重點，丈夫則是專心看著手上的文庫本。妻子問丈夫，那就去看看「八田與一」好嗎？丈夫說，可以搭台灣新幹線去。

以前來台旅遊的日本人，多數年紀較長，跟團的比例較高，也常在高鐵車站遇到整團穿著西裝套裝的日本長者，安靜聽著導遊的指示集合上車，吃完高鐵便當還會集體收好便當空盒，我在瑞芳上車的平溪線，也看過這樣的熟齡旅行團。最近這十年之間，則是常常看到推著行李箱或背著背包就來台灣自由行的日本人，他們去永康街，去行天宮，去龍山寺，去迪化街，去鼎泰豐，騎腳踏車環島，或是去最近突然在日本媒體圈相當熱門的台南。

旅行的理由跟目的原本就很多元，我問過一些經常來台灣旅行的日本朋友，有人認為台灣是可以讓他們放鬆的地方，沒有太多規矩，當然也有一點點不太遵守規矩（笑），走斑馬線要很小心，看到很多摩托車會很驚訝。有人覺得來台灣既有異國旅行的刺激，又因為漢字閱讀和台灣人對日本人的善意，而有了安心感。有人來台灣尋找日本逐漸消失的昭和味，最近則是不少年長的灣生世代，回到台灣尋找他們出生的地方，還有他們家族長輩青春美好的「台灣時代」。

那兩名跟我一起從仙台搭機抵達桃園機場的男孩，將他們第一次出國機會給了台灣，雖然在入關的時候就跟他們走散了，在等待行李的轉盤四周，也沒看到他們的身影。希望他們初次台灣旅行可以順利，喝到想喝的台灣啤酒，吃到滷肉飯，也順利找到開往九份的巴士站牌，回日本之後，可以跟A-YA醬說，台灣很好玩。

【微小後記】

不能隨意出外旅行的日子，特別羨慕或說忌妒那些說走就走的「出門」。

出門未必是去到遠方的旅行，即使走在習以為常的風景裡，也會想盡方法當作人生一期一會的壯遊，唯有如此，才能讓旅行延伸到日常，日常不至於乏味。

我原本就不太計較旅行的遠近與長短，譬如在住家附近的便利超商拿起罐裝咖啡，會想起京都或金澤的某個時間與空間交會的瞬間，那時如何拿著咖啡去櫃台結帳，在那之後帶著咖啡去搭了什麼鐵道列車，去到什麼地方，那時感受到的月台光線與路人擦身而過的風……我確實很擅長回憶，而且自得其樂。

有時候哪裡也不去，光是從住家窗口俯瞰街景，也覺得去了遠方旅行，因此感覺快樂。這大概是天賦吧，在日常之中發現趣味的天賦。

拍照固然留下影像的證據，但文字更能鑽進歲月的毛細孔，當時若只是匆忙拍照就離開，想必沒辦法如文字那樣把種種藏在時間細節裡的感觸都留存下來。文字足夠讓風景跟心情都重新復活，很慶幸當初邊走邊經歷的種種，被當時的自己記錄得如此繽紛，文字描述的風景，氣溫、濕度、氣味，走走停停的各種思緒，像熱菜一樣，回溫之後，隨即恢復原有的色澤與溫濕度，口感接近，氣味甦醒。文字才有辦法復刻到如此逼真，這是文字獨有的魔力。

每一次出門都是旅行，而每一次旅行也只是出門去走走而已，當天往返，或十天，半個月。在大疫來襲的這兩年，那些出門走走或出門旅行所反芻的滋味，說不定就是滋養自己不至於太過消沉的養分。

明明是自己寫的文字和經歷的事情，讀來卻興致盎然。好幾個篇章都用了Reset這個字，好幾處的語境都鋪陳了自己出門行走的脾氣跟神經質，我可能是透過那樣的走走停停，試圖跟憤怒或消沉的自己和解。記憶真是潤澤挫折的甜湯啊，尤其美好的記憶，更是解藥。

很感謝寫下文字的自己，為了眼前風景去查閱資料猶如掉落時間缺口進行一場又一場時空旅行的自己，看起來那麼勤勞認真又樂在其中。

也感謝閱讀文字的你們，這些文章稱不上遊記，也沒有導覽，頂多在微小風景裡面找到足夠讓人喜悅寬心的樂趣，而那些風景也不純粹是風景，有時候是閱讀跟記憶的風情。

日本滑冰選手羽生結弦說，他的身體裡面一直住著九歲的自己，九歲的自己對他大喊，跳吧！所以4A迴轉是他跟九歲的自己一起跳的。

我發現這些篇章的文字裡，也住著不同年齡的自己。童年的自己，青春的自己，移住他鄉的自己，旅行途中慌了手腳的自己，對昔日念念不捨的自己。而今跟過去的自己相見，老實說，真羨慕當時的勇敢與冒險，還有快樂。

美麗田 172

我一個人走走停停：
美好日常的小旅行

作者｜米果
出版者｜大田出版有限公司
台北市一〇四四五中山北路二段二十六巷二號二樓
E-mail｜titan@morningstar.com.tw http://www.titan3.com.tw
編輯部專線｜（02）2562-1383 傳真：（02）2581-8761
總編輯｜莊培園
副總編輯｜蔡鳳儀
行政編輯｜鄭鈺澐／楊雅涵
校對｜黃薇霓／黃素芬
初刷｜二〇二二年四月一日 定價：三五〇元
二刷｜二〇二三年一月十七日
網路書店｜http://www.morningstar.com.tw（晨星網路書店）
TEL：（04）2359-5819 FAX：（04）2359-5493
購書E-mail｜service@morningstar.com.tw
郵政劃撥｜15060393（知己圖書股份有限公司）
印刷｜上好印刷股份有限公司
國際書碼｜978-986-179-716-8 CIP：733.69/111000338

填回函雙重禮
① 立即送購書優惠券
② 抽獎小禮物

國家圖書館出版品預行編目資料

我一個人走走停停：美好日常的小旅行／
米果著．
——初版——臺北市：大田，2022.04
面；公分．——（美麗田；172）

ISBN 978-986-179-716-8（平裝）

733.69 111000338